Ce livre cy est assez singulier c'est une d'Encicloppedie ou Sisteme des Sciences dans le gout
de celuy du chancellier Bacon + il paroit que ce n'en est pas icy la premiere edition mais que Christophe
de Savigny son autheur rethelois l'avoit dedié à un duc de nevers grand pere de celuy a qui le libraire
à dedié celuy cy. Le grand pere etoit Louis de Gonzague mort en 1595 dont la premiere edition de ce livre a
été anterieure à cet epoque — aussi est elle de 1590. c'est ce qui fait que louis de gonzague n'a dans la gravure que le collier de st michel quoy qu'il ait
été créé le 1.er chevalier de l'ordre du st esprit, lors de son institution.
+ le titre d'encyclopedie se trouve meme a la 3e page. suivant papillon qui a inseré une assez grande notice de cet ouvrage dans son
histoire de la gravure en bois, savigny est mort en 1626 en angleterre ches milord comte d'arundel ou bacon luy meme se retira en
1621. par consequent savigny avoit fait et publié cette encyclopedie ou arbre des sciences bien avant que bacon eut publié la
sienne. ergo bacon la pris de savigny et c'est celuy à qui est le vray inventeur de l'encyclopedie ou bien ils se sont concertés
ensemble et ce sont deux beaux esprits qui se sont rencontrés sur la meme idée dans le meme temps et dans le même lieu. cependant
milord bacon en a eu seul toutte la gloire.

SACRA PARISIO- RVM ANCORA.
TABLEAVX
ACCOMPLIS DE TOVS LES ARTS LIBERAVX, CONTENANS BRIEVEMENT ET CLEREMENT PAR SINGVLIERE METHODE DE DOCTRINE, VNE GENERALE ET SOMMAIRE PARTITION DES DICTS ARTS, AMASSEZ ET REDVICTS EN ORDRE POVR LE SOVLACEMENT ET PROFIT DE LA IEVNESSE.
Par Monsieur CHRISTOFLE DE SAVIGNY
Seigneur dudict lieu, & de Priment en Rethelois.
TOST OV TARD, PRES OV LOING. A LE FORT DV FOIBLE BESOING.
Reueu, corrigé, & augmenté de nouueau.
A PARIS,
Chez IEAN LIBERT, ruë S. Iean de Latran,
deuant le College Royal.
1619.

A
TRES-HAVLT,
ET TRES-PVISSANT PRINCE,
MONSEIGNEVR FRANCOIS DE GONZAGVES,

de Cleues, Duc de Rethelois, Pair de France, &c. Gouuerneur & Lieutenant General pour le Roy, en ses Prouinces de Champagne & Brie.

MONSEIGNEVR,

Ce Liure estant autant beau qu'il est necessaire, a esté tellement recherché en sa premiere impression qu'il s'est rendu extremement rare; le merite de l'autheur auec l'excellence du subiect qu'il traite luy ayant donné credit parmy les beaux esprits; l'ordre qu'il tient de la facilité, & la diuersité; de l'admiration. Ce qui m'a fait esperer (MONSEIGNEVR) qu'il seroit aussi bien receu en ce siecle qu'il auoit esté auparauant, & m'a donné courage de ne rien espargner pour redonner à la France ce bel œuure sous vostre protection: & bien que les originaux & les planches fussent tres-difficiles à recouurer, & qu'il se trouuast peu de gens qui voulussent trauailler à leur restauration, tous ces empeschements neantmoins, n'ont pas eu assez de force pour arrester mon dessein, non plus que le trauail & la despence qui y ont esté necessaires, desirant à l'imitation des Vestales rallumer aux rais de vostre Soleil le feu de ce bel esprit, que la longueur du temps auoit caché & presque assoupy sous les cendres de l'oubly. L'autheur le dedia premierement à MONSEIGNEVR vostre grand pere, & moy renouuellant l'impression i'ay creu le deuoir à vostre Grandeur, laquelle comme elle cherit & rend beaucoup d'honneur aux lettres, i'espere aussi qu'elle aura ce present ageable, & que l'estime qu'elle en fera, luy rendra autant & plus de lustre qu'il n'en eut iamais. Et quoy qu'inegal en merite à nostre autheur, ie ne laisse de me promettre autant de bon accueil qu'il en receut de MONSEIGNEVR vostre ayeul. Que si ie m'aduance auec moins de capacité, ce sera toutefois auec autant de deuotion de demeurer à iamais,

MONSEIGNEVR,

Vostre tres-humble & tres-obeissant seruiteur,

IEAN LIBERT.

NEC RETROGRA.
DIOR NEC DEVIO.
PIETATE ET SVFFICIENTIA.

A

TRES-HAVT, TRES-PVISSANT, TRES-MAGNANIME, ET TRES-ILLVSTRE PRINCE MONSEIGNEVR LVDOVIC DE GONZAGVE, DVC DE NIVERNOIS, ET RETHELOIS, PRINCE DE MANTOVE, ET PAIR DE FRANCE, &c.

MONSEIGNEVR, Dés long temps & auparauant plusieurs siecles tous les Arts liberaux ont esté tousiours estimez veritablement, & à bon droict treslouables, & tres-honnestes, tres-profitables, & tres-necessaires principalement aux personnes nobles, pour la commodité de viure, pour les affaires & negoces domestiques, & publiques, & pour la republique: Car en toute la vie humaine on ne sçauroit trouuer chose ou plus belle, ou plus excellente, que l'instruction, ornement & embellissement des esprits & entendemens, qu'on appelle disciplines & vertus, lequel ornement d'esprits nous separe d'auec les bestes brutes, nous rameine & reduit à humanité, & nous esleue mesme à Dieu: A ce propos quelque grand Philosophe, autresfois a sceu tres-bien & sagement alleguer, que la vie humaine sans la doctrine estoit quasi l'image de la mort: Suiuant cela le Poëte Ouide au premier liure de Ponte a dict bien vray ce que s'ensuit.

Ces beaux Arts liberaux, dont tu as tant de soin,
Chassent par leur douceur la barbarie au loin:
Et celuy, qui s'adonne à la science belle,
Change en plus douces mœurs sa nature cruelle.

Le mesme Poëte encore au 3. Liure de l'Art,

L'esprit par le noble art, de grossier se reforme
Rendant le naturel a l'estude conforme.

Le poëte aussi Terence en la comedie de l'Eunuque,

Aux lettres estudie, & dedans vne classe,
D'vn non seruile esprit, la poësie embrasse,
Ie m'y tiendray parfait.

OR les autres choses, qui se conuoitent & appetent, chacunes sont propres & conuenables presques à tout, les richesses pour en vser, les honneurs & credits pour estre honnoré & respecté, les plaisirs & voluptez pour s'esiouir, la santé & bonne disposition pour n'auoir aucune douleur, & pour faire le deuoir & office du corps: Les doctrines contiennent plusieurs grandes commoditez & opportunitez: Par tout où l'on se tourne, elles s'offrent à nous, & assistent, elles nous accompagnent en tout lieu, & ne nous abandonnent iamais en quelque temps & saison, qui se presente. Les lettres apportent de grands profits: La cognoissance des Arts liberaux apporte auec soy mille plaisirs & recreations: La cognoissance des lettres esleue les hommes aux plus hauts degrez d'honneur: Par les lettres ils s'acquierent les richesses, grandeurs & dignitez: Par les lettres nous montons & paruenons au sommet de toute vertu & sagesse, & qui est le plus remarquable à la cognoissance des choses diuines, & par ce moyen à l'amour de Dieu, pieté & Religion: Les lettres rendent les hommes aimables: Les lettres les recommandent aux Rois, aux Princes, aux grands Seigneurs & Potentats, aux Prelats & à toutes gens de bien & d'honneur: Les lettres non seulement font, que les hommes sont loüez & celebrez des viuans, mais aussi de toute la posterité: Or les autres choses qu'on estime souhaitables ne sont propres à tous temps, ny à tous lieux: Les estudes des sciences entretiennent la ieunesse, reiouyssent la vieillesse, & ornent la prosperité à l'aduersité donnent vn refuge & consolation, donnent plaisir en la maison, n'empeschent dehors, passent la nuict auec nous, voyagent, mesnagent, aux champs, bref sont tousiours pleines de plaisirs & delectations: Puis donc que tant & si grands salaires sont proposez aux hommes studieux des lettres & bonnes sciences, sans point de faute, la ieunesse deuroit employer autant de temps en l'estude d'icelles, qu'elle employe à celebrer les festes des ieux, spectacles & autres voluptez & tranquilité de leurs corps & esprit, voire autant qu'elle s'addonne au ieu de paulme, de dez, & de chartes & autres passe-temps. Car, ô Dieu immortel, & tout-puissant, qu'y a il plus digne, & qui merite plus en quoy elle doiue nuict & iour veiller & trauailler, que sont les lettres? Aucuns embrassent les richesses comme souuerain bien, les autres preferent la santé à tout autre bien, les autres la grandeur, pouuoir & credit, & honneur, & les autres estiment vn corps doüé de beauté suiui de plaisirs & voluptez estre comme souuerain bien: Mais le tout pesé à la iuste balance de la raison, ce dernier sans doute appartient plustost aux bestes brutes, qu'a l'homme doüé tant soit peu de raison: Les autres cy deuant mentionnez sont tous caduques, & incertains, non tant mis en nos conseils, qu'en l'incertitude de fortune: Et posé que toutes ces choses là soyent belles, & desirables, toutefois les lettres seules doiuent à bon droict tenir le rang, & place d'honneur par sus toutes les choses du monde: Parce que les lettres de soy nous apportent tout ce que nous pourrions desirer de tels souuerains biens: Estes vous connoiteux de richesses? Les lettres ont iadis comblez de richesses Ciceron, Virgile, Horace, Seneque, Aristote, & autres infinis: Brigués-vous les honneurs? Les lettres ont donné de tres-grandes dignitez à d'hommes innumerables: Desirez-vous de recreer l'esprit? De combien merueilleux plaisirs & delectations les lettres apportent: Cerchez-vous gloire & reputation? Les lettres rendent les hommes plains de gloire & loüange immortelle beaucoup plus facilement que tous les actes & faicts belliqueux) Souhaitez-vous santé, force, puissance corporelle? la maniere de les auoir & conseruer s'apprend par les lettres: Parquoy si nous sommes retenus par la conuoitise & desir des grandes choses, & desirables, vrayment nous deuons aimer sur tout les lettres: Car l'amour de toutes choses est vn grand chemin ouuert & asseuré pour les acquerir: Le desir seul de la proye pousse les veneurs & chasseurs à la poursuite chaude des bestes sauuages iusques au dedans du plus dangereux des bois, montaignes, vallons & lieux inaccessibles: Pour l'amour de l'argent & du gain, les marchands & traffiqueurs s'exposent à la mercy des vagues, tempestes, bancs, escueils, & infinis autres dangers d'vne mer sans pitié courroucée des vents: Le desir seul de regner anime les Princes aux perilleux combats, faict prodiguer leurs vies aux hasards d'vne guerre: Que si l'amour de la proye, de l'argent, de regner a tant de pouuoir d'enflammer, & d'esmouuoir les courages & volontez, combien plus l'amour de doctrine, qui est propre de l'homme, nous deura rauir & inciter? Faisons ce que nous voudrons, si est-ce que nous ne surmonterons les Renards par finesse, les Lions par force, les Cerfs par vistesse: Mais nous sommes beaucoup plus excellents, que tous les autres animaux de ce que nous sommes capables & participants de doctrine & raison: Veu donc qu'il est autant manifeste, que nature n'a rien de meilleur, ny rien plus profitable, plus abondant & fertil, plus commode, & plus ioyeux & recreatif, ny rien plus digne & excellent, que les Arts liberaux, & autant qu'il ne se trouue rien de plus diuin & celeste que l'esprit & entendement, auquel de droit ils appartiennent, veu aussi mesmement que les vtilitez & profits d'iceux ne sont point obscurs ny cachez aux hommes, puis qu'ils les cognoissent & entendent, & que par tous moyens ils en font preuue tous les iours. Pourtant (mon Seigneur) ie n'ay peu me garder de lamenter & deplorer grandement la misere & malheur de ce temps, auquel nous sommes, considerant ces doctrines & sciences tant excellentes & necessaires, di-je, pour l'instruction, regle & conduite de la vie, estre auiourd'huy ainsi mesprisees, & negligees principalement presques de la plus grande part de ceux qui portent le tiltre de Gentilshommes, qui n'en font pas fort grande estime, voire n'en tiennent quasi conte, tellement qu'entre-eux elles ne tiennent maintenant quasi plus de lieu d'honneur, lesquelles neantmoins au temps passé ont esté si curieusement traictees, & si soigneusement & sagement enseignees par les anciens Philosophes: Parquoy ces annees passees, pendant les troubles qui ont couru en ce pauure Royaume, & qu'il nous restoit quelque peu de loisir, pour nous recreer l'esprit, & nous repaistre de ceste pasture de la cognoissance des lettres, & afin aussi de nous rafraischir & aider la memoire des choses que nous auions entendues & apprinses par cy-deuant en nostre ieunesse, & afin que par cy-apres les ieunes gens qui s'addonneront à l'estude des bonnes lettres, puissent ioüir aucunement & se seruir de nostre petit labeur, duquel il en puissent, comme nous esperons qu'il feront tirer quelque fruict & profit, nous a semblé bon de recueillir, mettre & reduire en tableaux vn sommaire & generale proportion de tous lesdicts Arts liberaux, auec brieueté & ouuerte facilité, qu'il nous a esté possible, tant par l'obseruation du stile & singulier ordre, ou Methode & disposition de doctrine de mes Precepteurs, jadis tres-vertueux, tres-doctes & tres sçauans personnages, qu'autre descriptions: Lesquels tableaux (Monseigneur) nous vous offrons, & dedions à bon droit, à vostre excellence, en laquelle nous auons en admiration les rares & singulieres vertus, dont vous estes si heureusement doüé, accompagné d'vn sçauoir tres-excellent, zele, & singuliere affection d'aider, fauoriser, & aduancer les Arts & sciences, comme par viue espreuue nous cognoissons & voyons à l'œil le desir & incredible volonté vostre d'orner, aimer & cherir, & les lettres & vertus, & principalement ceux qui les ensuiuent, outre l'incredible soin & diligence d'illustrer, & agrandir vostre Duché & pays de Rethelois, qui est ma patrie, par tous tels ornemens de la cognoissance des lettres, Arts & vertus, ioincts auec vostre inuincible main guerriere.

Vostre bien-humble, obeïssant, fidele vassal & seruiteur,

CHRISTOFLE DE SAVIGNY.

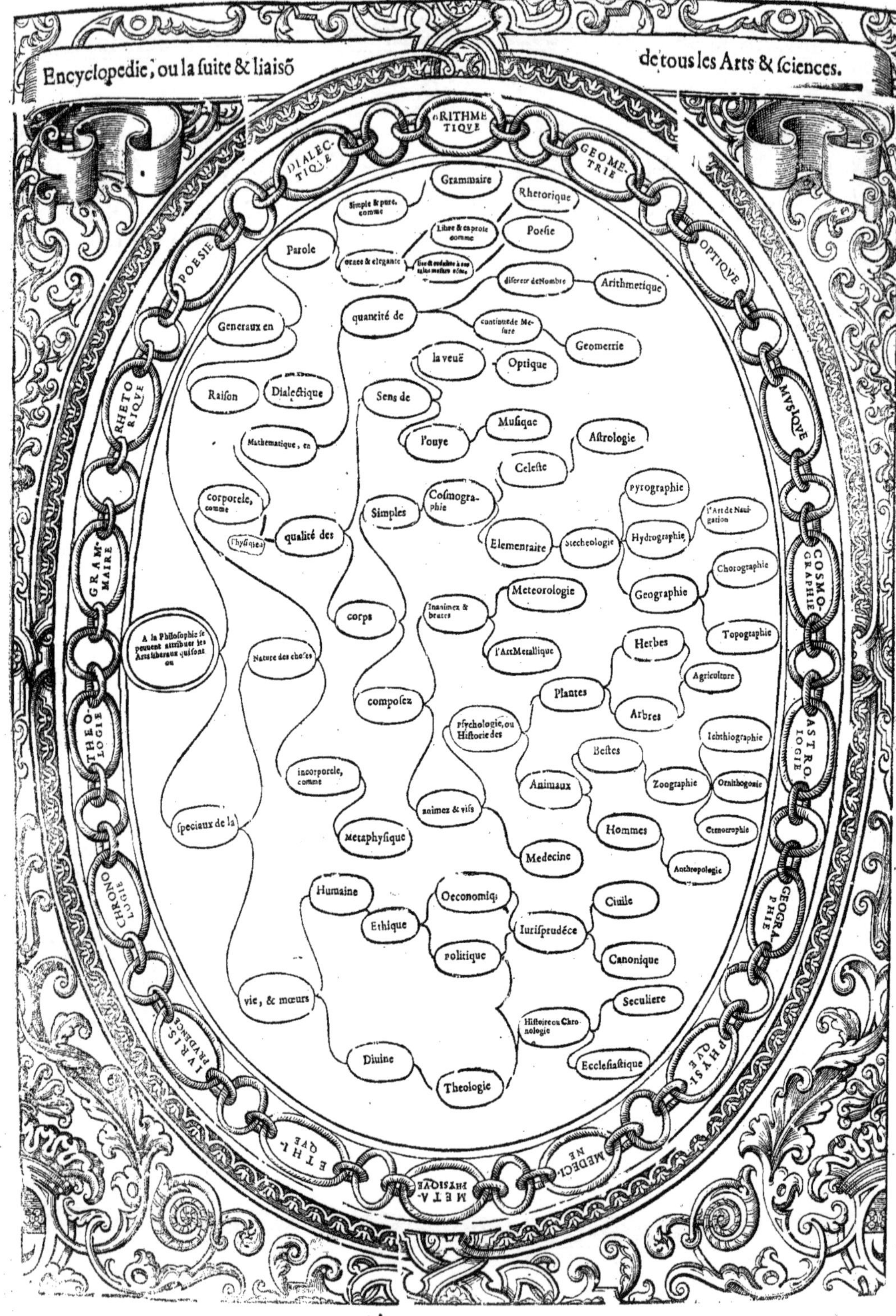
Encyclopedie, ou la suite & liaisõ
de tous les Arts & sciences.
ARITHMETIQUE
GEOMETRIE
OPTIQUE
MVSIQUE
COSMOGRAPHIE
ASTROLOGIE
GEOGRAPHIE
PHYSIQUE
MEDECINE
METAPHYSIQUE
ETHIQUE
IVRISPRVDENCE
CHRONOLOGIE
THEOLOGIE
GRAMMAIRE
RHETORIQUE
POESIE
DIALECTIQUE
A la Philosophie se peuuent attribuer les Arts liberaux qui sont ou
Generaux en
Parole
Simple & pure, comme
Grammaire
Ornee & elegante
Rhetorique
Poesie
Raison
Dialectique
Mathematique, en
quantité de
discrete de Nombre
Arithmetique
continue de Mesure
Geometrie
Sens de
la veuë
Optique
l'ouye
Musique
Celeste
Astrologie
corporele, comme
Physique
qualité des
Simples
Cosmographie
Elementaire
Stecheologie
Pyrographie
Hydrographie
l'Art de Nauigation
Geographie
Chorographie
Topographie
corps
Inanimez & brutes
Meteorologie
l'Art Metallique
Nature des choses
composez
Plantes
Herbes
Arbres
Agriculture
Psychologie, ou Historie des
Animaux
Bestes
Zoographie
Ichthiographie
Ornithologie
Hommes
Anthropologie
animez & vifs
Medecine
incorporele, comme
Metaphysique
speciaux de la
Humaine
Ethique
Oeconomiq.
politique
Iurisprudéce
Ciuile
Canonique
vie, & mœurs
Diuine
Theologie
Histoire ou Chronologie
Seculiere
Ecclesiastique

PARTITION GENERALE DE TOVS LES ARTS LIBERAVX.

LES Arts liberaux se peuuent à bon droict attribuer à la Philosophie, qui est l'estude de sapience, c'est à dire la cognoissance & science des choses humaines, & diuines, aussi des causes, par lesquelles elles sont contenues:

Or science n'est autre chose, qu'vne comprehension des definitions, diuisions, & exemples conuenables à l'vsage de nature, par lesquels elle, & toutes ces parties, & parcelles sont illustrées, & declarées:

Mais quelqu'vns desdicts Arts Liberaux sont generaux, & aucuns speciaux:

Les generaux, & communs qui sont la Grammaire, la Rhetorique & la Dialectique sont ainsi appellez, par ce qu'ils appartiennent à toutes choses, & s'estendent amplement par toutes les parties de sapience: Car les hommes peuuent parler purement, & simplement, par la Grammaire; ou ornément, & elegamment par la rhetorique; ou disputer de toutes choses par la Dialectique: Aussi sont ils instrumens de la Philosophie, dont ils se nomment proprement Organiques: Car ils appartiennent totalement à la parole, & à la raison: Et pourtant sont ils mesmement appellez par la meilleure part, Logiques: Et doiuent ces Arts generaux plus proprement estre appellez Organes que parties de la Philosophie, attendu que veritablement ils ne sont pas de la substance de la Philosophie, ains seulement elle s'explique, se demonstre, & se preuue par iceux.

Aucuns donc des Arts generaux sont en parole, aucuns en raison:

Les vns sont en parole pure & congrue, comme la Grammaire; les autres en parole ornée & elegante, ou libre & en prose, comme la Rhetorique, & l'Art Oratoire, ou liée & reduicte à certaine mesure, comme la Poësie: Autre est en raison, comme la Dialectique:

Les Arts speciaux (qui sont & doiuent estre veritablement appellez les parties de Philosophie) se distinguent, & cognoit-on leur difference par leurs subiects à sçauoir touchant la nature des choses, ou la vie & les mœurs.

Nature est corporele, ou incorporele: La Mathematique, & Physique traitent de la nature corporele de toutes choses: Car la Mathematique contemple, & considere les quantités des choses: La Physique les qualités:

Or la qualité est ou de nombre, que l'on appelle quantité discrette, enuers lequel est occupée l'Arithmetique, ou de magnitude & mesure que l'on appelle quantité continue, dequoy traite la Geometrie:

La Physique considere & regarde les qualités ou des sens, ou des corps:

Le sens de la veüe a creé l'Optique ou Perspectiue, celuy de l'ouye la Musique:

Le corps naturel est simple, ou composé c'est à dire des simples corps, dequoy traitte l'histoire naturelle du monde, qui est ou vniuerselle nommée autrement Cosmographie, c'est à dire la description du monde; ou speciale, laquelle derechef est ou celeste touchant les ciels, & les estoilles, nommée Astrologie, ou elementaire des elements en general, nommée Stœcheologie, & en special, comme du feu, la Pyrographie; De l'eau, l'Hydrographie, d'où despend l'art de nauigation; De toute la terre, comme la Geographie, ou de ses contrées & regions, la Chorographie, ou de lieux particuliers, comme montaignes, vallées, campagnes, forests, villes, & autres, sçauoir la Topographie:

Les corps naturels composés, sont en partie inanimez & brutes, en partie animéz & vifz: Derechef les natures inanimées s'engendrent & s'esleuent en l'air, ausquels appartient la Meteorologie; ou dans la terre, & se nomment mineraux, desquels l'Art se peut appeller metallique:

La cognoissance des choses animees, & viues comprend l'histoire des plantes, & des animaux, dont despend aussi la Medecine:

Or il y a deux principales especes de plantes, sçauoir les herbes, & les arbres, le cultiuement desquels appartient à l'Agriculture:

Les Animaux sont ou irraisonnables & bestes, ou raisonnables & hommes: La description des bestes appartient generalement à la Zoographie, à laquelle se referent l'Ichthiographie ou description des poissons, l'Ornithogonie ou maniere de nourrir les oiseaux, Crenotrophie ou pastorale:

Mais l'Antropologie enseigne les proprietés de l'homme:

Consequemment la Medecine ensuit apres touchant les maladies, & remedes de tous les corps animés:

Au surplus la Metaphysique se mesle des natures & choses incorporelles, & tres-simples, comme sont les intelligences, Anges, esprits, & ames humaines:

Quant aux mœurs & à la vie des hommes, l'vne est humaine & temporelle, l'autre spirituelle & diuine:

La doctrine, qui enseigne les vertus morales de la vie humaine, a esté appellée par les anciens Grecs, Ethique, & des Latins Philosophie morale (Ciceron a mieux aimé vser du nom des offices): De laquelle y a deux especes, l'vne est en l'administration & gouuernement du menage, qu'on dict Economique; l'autre de la republique, appellée Politique, à laquelle se doiuent referer la Iurisprudence tant ciuile, que Canonique, & pareillement l'histoire seculiere, & ecclesiastique, d'où procede aussi la Chronologie:

Car l'Ethique contient les theoremes & propositions generales: La iurisprudence plus speciales: Mais l'histoire fournit, & donne les exemples de toutes les deux:

La derniere doctrine qui reste, monstre & apprend la vie saincte, spirituelle, & diuine, voire la voye, & regle de bien, chrestiennement, & heureusement viure, & mourir, pour en fin apres ceste vie temporelle, & transitoire iouïr de la vraye beatitude celeste, & souuerain bien, qui consiste en la vision cognoissance, fruition, & iouïssance de Dieu, laquelle par les Chrestiens a esté denommée la saincte & sacrée Theologie.

B

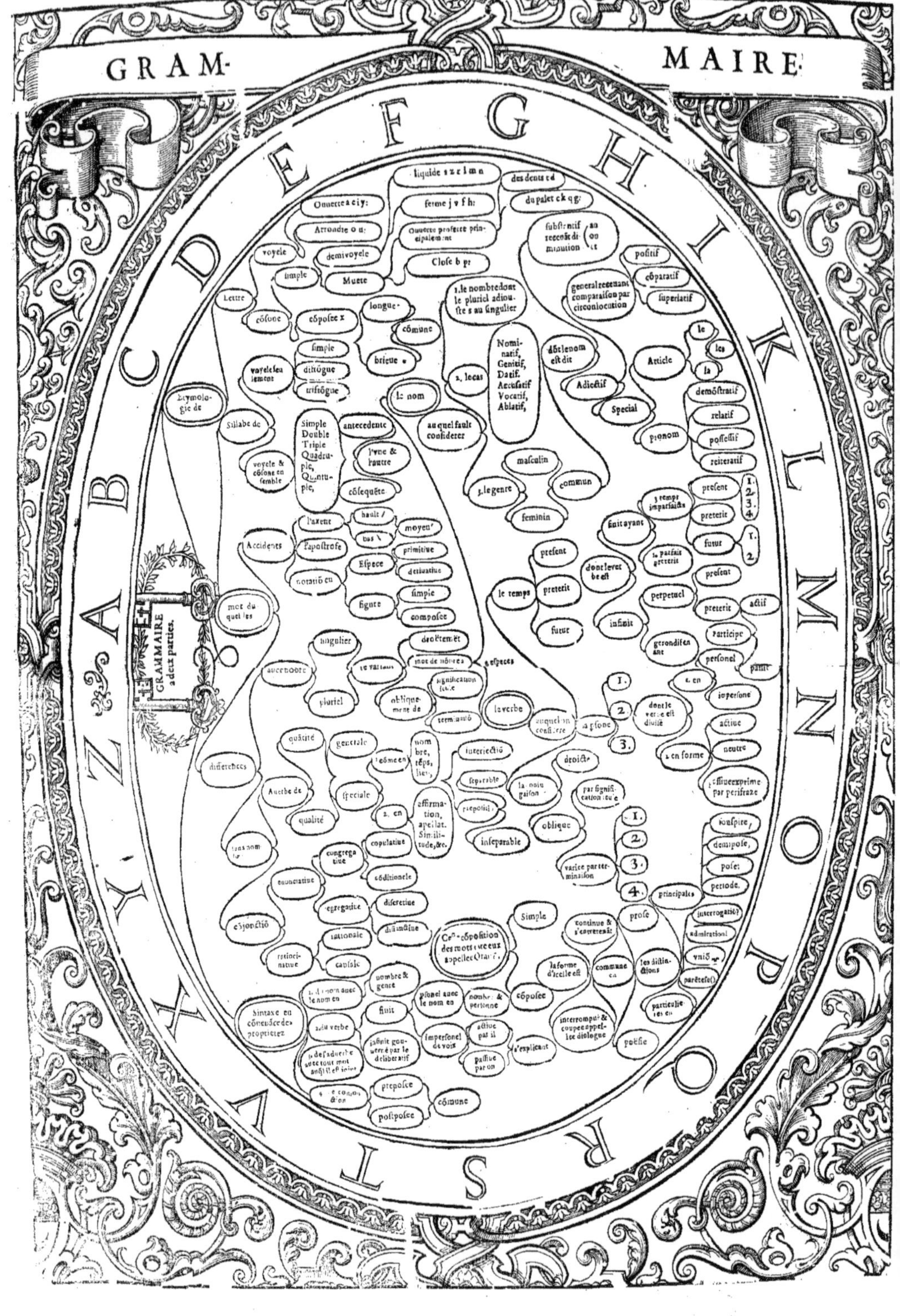
GRAM-
MAIRE
A B C D E F G H I K L M N O P Q R S T V X Y Z
GRAMMAIRE a deux parties.
Etymologie de
Syntaxe en côvenâce de ses proprietez
Lettre
voyele
simple
cōsone
Ouuerte a e i y:
Arrondie o u:
demivoyele
Muette
liquide s z r l m n
ferme j v f h:
Ouuerte proferée principalement
Close b p:
des dents t d
du palet c k q g:
cōposee x
simple
diftōgue
triftōgue
voyele seulement
Sillabe de
voyele & cōsone en semble
longue
cōmune
brieue
Simple Double Triple Quadruple, Quintuple,
antecedente
l'vne & l'autre
cōsequēte
Accidents
l'axent
hault /
bas \
moyen
l'apostrofe
Espece
primitiue
deriuatiue
notatiō en
figure
simple
composee
mot duquel les
1. le nombre dont le pluriel adiouste s au singulier
2. locas
Nominatif, Genitif, Datif, Accusatif Vocatif, Ablatif,
le nom
auquel fault considerer
masculin
3. le genre
commun
feminin
substantif receuât diminution
au ou et
positif
cōparatif
superlatif
general receuant comparaison par circonlocution
dōt le nom est dit
Adiectif
Special
Article
le
les
la
pronom
demōstratif
relatif
possessif
reiteratif
3 temps imparfaicts
present
preterit
futur
finit ayant
le parfait preterit
present
preterit
futur
dont le verbe est
le temps
present
preterit
infinit
perpetuel
preterit
actif
participe
gerondif en ant
personel
passif
singulier
pluriel
droictemēt
oblique- ment de
signification
le verbe
auquel on considere
la psone
1.
2.
3.
dont le verbe est diuisé
1. en
impersone
actiue
2. en forme
neutre
passiue exprimé par perifraze
differences
quātité
generale
nom bre, têps, lieu,
interiectiō
separable
preposition
inseparable
Aduerbe de
speciale
qualité
2. en
affirmation, apellat. Similitude, &c.
droicte
par signification veue
oblique
varice par terminaison
1.
2.
3.
4.
congregatiue
copulatiue
enonciatiue
cōditionele
egregatiue
disiunctiue
ratiocinatiue
cōiōctiō
causale
Simple
continue & s'entretenât
prose
principales
souspire,
demipose,
pose,
periode,
interrogatiō
admiration
parēthese
Cōposition des mots & ceux apellee Oraiso.
la forme d'icelle est
commune
les distinctions
particulieres en
cōposee
interrompue & coupee appellee diologue
poësie
1. du nom auec le nom en
nombre & genre
psonel auec le nom en
nombre & persone
finit
2. du verbe
infinit gouuerné par le deliberatif
impersonel de voix
actiue par il
passiue par on
s'explicant
3. de l'aduerbe
4. de conionction
preposee
cōmune
postposee

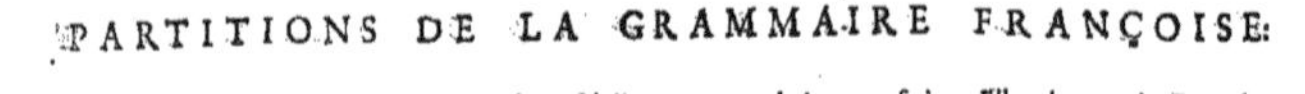

PARTITIONS DE LA GRAMMAIRE FRANÇOISE:

GRammaire est vn Art de bien parler, soit en prosodie, ou ortographe, c'est à dire en vraye prolation, ou escriture: Elle a deux parties, Etymologie, & Syntaxe:

Etymologie est la premiere partie de la Grammaire, qui declare les proprietez des lettres, syllabes, & mots:

Lettre est vn son indiuisible en syllabe: Dont y a deux especes, voyelle, & consonne:

Voyele est vne lettre, qui par soy peut faire vn son entier: Entre les voyelles aucunes se proferent la bouche plus ouuerte, comme A a, E é long ou moyen, I i: Les autres la

bouche plus serrée & plus arrondie, comme E ę bref, O o, U u, Y y gregeois:

Consone est vne lettre, qui ne peut de soy faire vn son entier, & pourtant elle est nommée par l'aide de quelque voyelle:

Elle est appellée demiuoyelle, ou muete: Demiuoyelle di.te pourtant qu'elle a, comme vn demi son de voyelle, laquelle est nommée en preposant e, selon sa puissance: Et est partie li-

quide, partie ferme:

Les demiuoyelles liquides sont ainsi appellées, non pas qu'elles ne soyent aussi bien souuent fermes, mais, pourtant que quelquesfois elles sont quasi liquefiez & fondues en leurs sons

comme sont celles ci, es S s, cz ou zet Z z, er R r, el L l, em M m, en N n:

Les demi-voyelles fermes sont celles, qui ne sont iamais liquides, ains tousiours fermes, comme ef F f, ha H h, iod I j, vau V v:

Les consones muettes sont nommées par leur puissance en postposant e, & sont aussi ensuiuant les voyelles partie plus ouuertes proferées principalement des dents, comme sont te T t,

& de D d, ou bien du palais, comme Ka K k, Cue Cc, qu Q q, gue G g: Partie plus close comme be B b, & pe P p: outre plus il y a vne abbreuiation, qui est ix comme Xx pour c s, ou g s, ou

g z, de laquelle on vse en quelques mots grecs, & latins, & en peut on vser suiuant la puissance des simples lettres c, ou K s, g s, g z, desquelles elle est composée:

Finalement si on rassemble tout l'alphabet, il y aura vingt cinq lettres simples, & vne double, qui sont nombrees vulgairement ainsi A b c d e f g h i k l m n o p q r s t u x y z, ausquelles

faut adiouster ces trois ici ę, j, & v, :

Toutes lesquelles lettres se figurent en plusieurs sortes, il en faut vser en diuerses manieres: Car la premiere & plus grande se met au commencement des noms propres, sentences &

vers, la moyenne au milieu, la finale en la fin:

Syllabe est la comprehension d'vn son entier au mot, & peut estre de voyele seulement, ou de voyelle, & consone ensemble:

La syllabe est seulement de voyelle ou simple comme chacune voyelle, ou double qu'on dit diphthongue, comme ai, au, ei, ie, eu, io, oi, œ, ou, ui, ou triple appellée triphthongue, comme

aou, eau, ieu, iau:

La syllabe composée de voyele & consone, ou au contraire, peut auoir iusques à cinq consones, & faut noter que si trois consones precedent ladicte voyelle, il n'en suyura que deux, ou

au contraire:

La syllabe aussi peut estre aucunefois longue, & se marque ainsi ‒, breue ᵕ, ou commune:

Mot c'est par qui chacune chose est nommée: Auquel faut considerer l'Accent, apostrophe, & notation:

L'Accent est l'harmonie du language, appellé autrement le ton, qui est ou haut, comme ´ ou bas ` ou moyen ^:

Apostrophe c'est à dire vn retranchement de cinq lettres finales, pour auoir vne euphonie, c'est à dire vn son plaisant à l'oreille, cōme premierement de trois voyelles a e i, quand le mot

suiuant cōmence par voyelle: Secondemēt de deux cōsones s t, quant aussi le mot suyuāt commence par consone: & se marque par vn petit crochet au dessus de la lettre, qui est ostée, ainsi':

Notation est par laquelle l'espece, ou figure du mot est examinée: L'espece est pour sçauoir si le mot est primitif, ou deriuatif: Figure pour sçauoir si le mot est simple, ou composé:

Il a deux differences de mots, sçauoir auec nombre, ou sans nombre: Auec nombre, quant elles notent auec leur principale signification vn nombre singulier, ou pluriel:

Le mot de nombre est finit, ou infinit: Finit, quand il signifie son nombre par certaine terminaison: Infinit au contraire: le mot de nombre est nommé nom, ou verbe:

Nom est vn mot de nombre auec genre: Auquel on considere premierement le nombre, dont le pluriel adiouste au singulier s,: Secondement le cas, qui est sextuple, nominatif, genitif,

datif, accusatif, vocatif, ablatif, en l'vn, & l'autre nombre:

Tiercement le genre, qui est masculin, s'il conuient au masle, feminin, s'il conuient à la femelle, ou commun:

De la difference du genre, le nom est appellé substantif, ou adiectif: substantif, qui est d'vn seul genre, & peut receuoir aucunefois diminution, laquelle est presques en trois terminai-

sons au, on, et: L'Adiectif est tousiours de commun genre, & est general, ou special L'Adiectif general & commun reçoit souuentesfois comparaison positiue, comparatiue, & superlatiue,

laquelle toutefois est supplée par circonlocution aux noms françois, si ce n'est quelqu'vn tiré du latin: L'Adiectif special se nomme Article, ou pronom:

L'Article c'est vn nom, qui faict au singulier masculin le, au feminin la, les commun pour le pluriel de l'vn & l'autre: Communement le genre des noms est declaré par l'article singulier:

Dix noms sont vulgairement appellés pronoms, aucuns desquels sont demonstratifs comme mon ou ie, toy ou tu, soy ou se, & set: ou relatif comme sont il ou luy, qui & que, ou quel &

quoy, ou l'vn & l'autre: quelques autres sont ou possesifs comme mon ou mien, ton ou tien, son ou sien: Ou reiteratifs comme mesme:

La declinaison des noms françois est de signification seulement, & non pas de terminaison, si ce n'est de nombre en l'autre:

Verbe est vn mot de nombre auec temps, & personne: Duquel faut considerer le temps, la personne, & coniugaison:

Temps est la difference du verbe selon le present, preterit, futur: Par ceste difference le verbe est finit, ou infinit:

Finit, qui a trois temps imparfaits, comme le present, qui est quadruple, premier, second, troisiesme, & quatriesme: le preterit: Le futur premier, second: & vn temps parfaict, qui est pre-

terit: L'infinit est ou perpetuel (present, preterit) ou gerondif terminé en ant:

La personne est vne speciale difference du nombre verbal, laquelle est triple en l'vn & l'autre nombre, sçauoir premiere, seconde, troisiesme: Par ceste difference de la personne le verbe

est diuisé doublement, premierement en personel, qui se conjugue par trois personnes: Impersonel conjugué seulement par la troisiesme persone du nombre singulier:

Secondement en forme actiue, ou neutre: Le verbe actif est celuy, qui peut former vn participe preterit: Neutre qui ne peut: quant au verbe passif, il s'exprime par periphrase en françois:

Il y a vn nom formé du verbe, qui est le participe, pourtant ainsi nommé, qu'il est nom participant du verbe en temps, & forme: Le participe actif est tousiours present, & est prins du

gerondif Le passif est prins du parfaict preterit infinit:

Coniugaison est la variation du verbe selon les temps, & personnes: & est droite, qui se faict seulement par les temps, ou oblique par signification seule, ou variée de signification, & par

termination des personnes, laquelle est diuisee communement en quatre especes par les lettres figuratiues des racines e, œ, i, r, & par les terminaisons du preterit infini:

La premiere coniugaison est celle, qui a la racine du premier present finit en e, & l'infinit present en er, comme i'aime aimer: La seconde en œ, œr, comme je vœ, vœr: La troisiesme en i,

& re, comme ie li, lire: La quatriesme en iour & ir, comme ie cour, courir:

Le mot sans nombre est celuy, qui outre sa principale signification ne denote aucun nombre, comme est l'aduerbe, & conionction:

L'Aduerbe est vn mot sans nombre, qui est adioinct à vn autre, & est de quantité, ou qualité, generale, ou speciale:

La quantité speciale est en nombre, temps, & lieu, La qualité en similitude, affirmation, negation, appellation, optation, exhortation, &c. Dauantage sous l'aduerbe sont comprises les

interiections que l'on dict, & semblablement les propositions, comme quelques inseparables re, for, en &c, & separables comme a, au, aux, de, du, des, en, es, apres, aupres, &c.

Conionction est vn mot sans nombre, par lequel les parties de l'oraison composee sont conioinctes. Elle est enonciatiue ou ratiocinatiue: Enonciatiue est quand les parties sont asseurées

pour certain, comme congregatiue, & segregatiue:

Congregatiue est par laquelle les parties sont denoncées estre vrayes ensemble, soit copulatiue ou connexiue:

Copulatiue quant les parties separément sont asseurées, cōme et, aussi &c. Cōnexiue ou conditionelle, quand le consequent est cōioinct par la cōdition de l'antecedēt, cōme si, se, sinō, &c.

Segregatiue est quand les sens comme non vrays ensemble sont segregez, comme discretiue, disionctiue: Discretiue quand les parties sont separées de raison, comme iaçoit, combien que,

toutesfois, mais, &c: disionctiue quant les parties sont separées par effect, en sorte que plus d'vne, ne pourroit estre vraye, comme ou, autrement, &c:

Ratiocinatiue, quand l'vne des parties est conclue par l'autre, comme rationale, & causale: Rationale est quand la raison precede, comme donc, parquoy, &c: Causale, quand l'on rend la

raison, comme car, afin que, parce que, &c:

S'ensuit la Syntaxe, qui est la seconde partie de Grammaire enseignant la composition des mots entre eux par leurs proprietés, & est presques seulement en conuenance, & mutuelle

communion des proprietez, comme du nom auec le nom en nombre, & genre, auec le verbe finit personel en nombre, & persone: Du verbe infinit gouuerné par le deliberatif. Du verbe

impersonel de voix actiue expliqué par il, de voix passiue par on: De L'aduerbe auec tout mot, auquel il est adioinct: De la conionction en l'ordre & collocation d'icelle, dont aucune pre-

cede la sentence, qu'elle conioinct, aucune suyt la sentence, quelque autre la precede, & suyt ensemble:

Ceste composition de mots entre eux est appelée communément par les Grammairiens, oraison, autrement parole, ou locution, & langage, qui est simple, ou composee, la forme de la

quelle est continuë & s'entresuyuante, ou interrompue & coupée, appellée dialogue, ou collocution: Lesquelles deux manieres de parler sont communes en prose, & Poësie:

Au demeurant il y a vne difference de prosodie, & orthographe en l'oraison, & vne distinction des clauses, & interponctions, qu'ont apportés l'interclusion de l'ame, & l'angustie de la

respiration:

Les distinctions, & interponctions principales sont de sentence imparfaicte, comme souspire, & demipause: Ou parfaicte, comme pause, & periode:

Souspire est vne distinction de mot, qui peut seruir douteusement à l'antecedent, & au consequent, & se marque ainsi/ :

Demipause est vne autre distinction de sentence imparfaicte, laquelle souuentefois est exprimée par vne conionction, & se marque par vn petit crochet en bas ainsi, ou par vn petit point

au milieu, ainsi. :

Pause est vne distinction de sentence parfaicte joincte auec vne autre, & se marque par deux poincts ainsi : ou par vn poinct en haut ainsi ˙ :

Periode est vne distinction de sentence du tout absolue, & parfaicte, & se marque par le poinct bas ainsi. :

Il y a dauantage les distinctions particulieres en interrogation ainsi ? : En admiration ! : En vnion ‿ :

En parenthese, c'est à dire interposition, ainsi par deux petits demis cercles ( ):

Quant au reste il est besoin seulement de l'Esprit, de la langue, & de la main.

( )

D

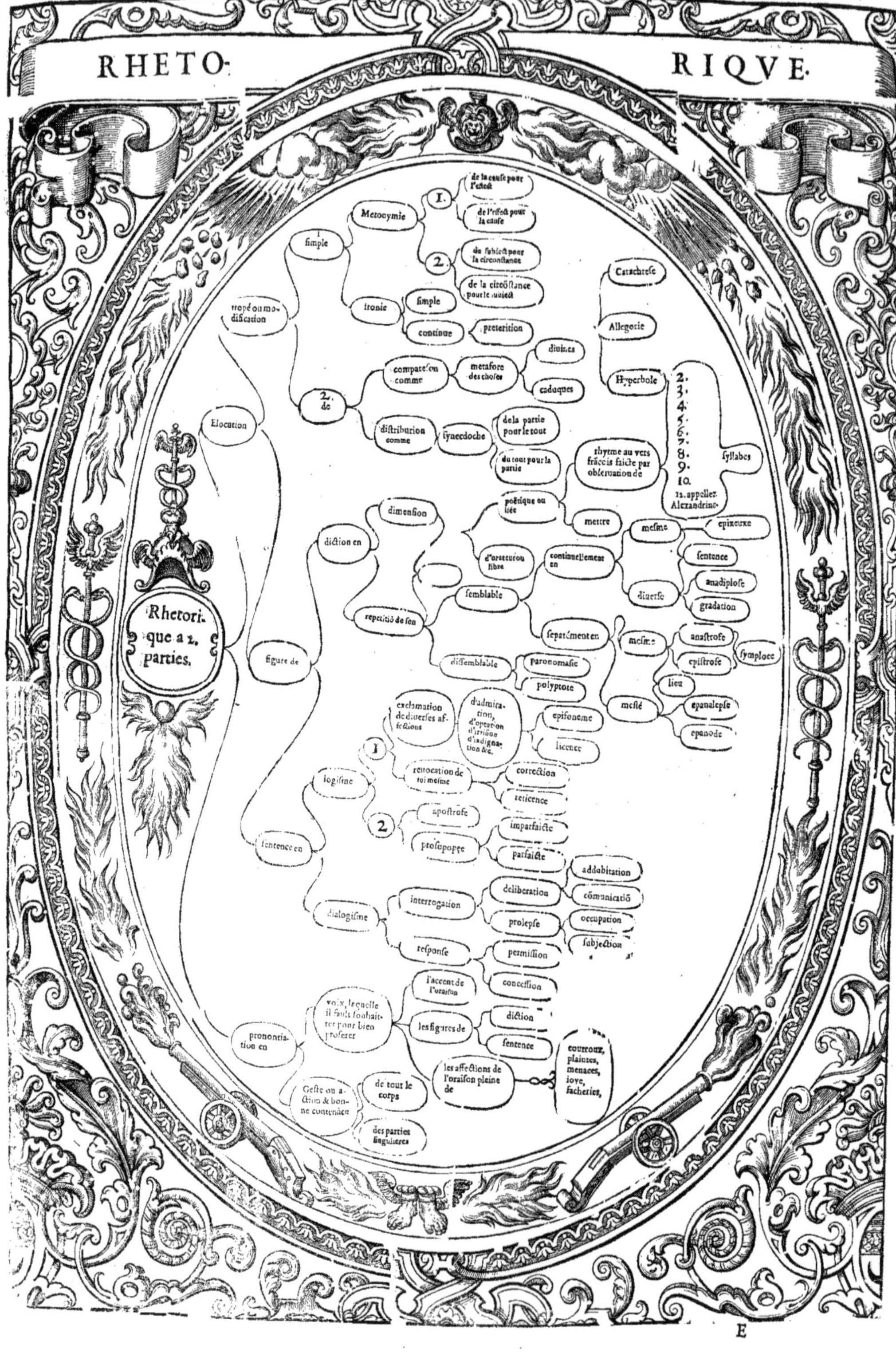
RHETO- RIQVE.
Rhetorique a 2. parties.
Elocution
tropé ou modification
1 simple
Metonymie
I.
de la cause pour l'effect
de l'effect pour la cause
2.
du subiect pour la circonstance
de la circöstance pour le subiect
ironie
simple
continue
preterition
2. de
comparaison comme
metafore des choses
diuines
caduques
distribution comme
synecdoche
de la partie pour le tout
du tout pour la partie
Catachrese
Allegorie
Hyperbole
figure de
diction en
dimension
poëtique ou liée
rhytme au vers frãcois faicte par obseruation de
2. 3. 4. 5. 6. 7. 8. 9. 10. 12. appellez Alexandrins.
syllabes
mettre
d'orateur ou libre
continuellement en
mesme
epizeuxe
sentence
diuerse
anadiplose
gradation
repetitiõ de son
semblable
separément en
mesme
anastrofe
epistrofe
symploce
lieu
meslé
epanalepse
epanode
dissemblable
paronomasie
polyptote
sentence en
logisme
I
exclamation de diuerses affections
d'admiration, d'optation d'irrision d'indignation &c.
epifoneme
licence
reuocation de soi mesme
correction
reticence
2
apostrofe
prosopopee
imparfaicte
parfaicte
dialogisme
interrogation
deliberation
addubitation
cõmunicatiõ
prolepse
occupation
subjection
response
permission
concession
prononciation en
voix, laquelle il fault souhaiter pour bien proferer
l'accent de l'oraison
les figures de
diction
sentence
les affections de l'oraison pleine de
courroux, plaintes, menaces, ioye, facheries,
Geste ou action & bonne contenãce
de tout le corps
des parties singulieres

PARTITIONS DE LA RHETORIQVE.

RHetorique est vn Art de bien dire, & elegamment parler, laquelle à 2. parties, elocution, & pronontiation: Elocution n'est autre chose, que l'ornement, & enrichissement de la parole, & oraison, qui a 2. especes, l'vne est appel ee Trope, l'autre figure:

Trope est vne elocution, par laquelle la propre & naturele signification du mot est changée en vne autre: Il y a premieremẽt 2. sortes de Trope, ou modificatiõ, sçauoir simple, comme metonymie, & ironie secondement de comparaison, comme metaphore, & de distribution, comme synecdoche: Si le trope est vn peu dur, ou trop hardi, & de loing pris, il peut estre appellé catachrese ou abusif, lequel s'il semble vn peu trop aspre aux oreilles, on le pourra amollir & adoucir par telles & semblables excuses, que les latins appellent premunitions (par maniere de dire) & (s'il faut ainsi parler): s'il y a vn exces & superlation de signification, hyperbole: S'il est aucunefois multiplié & continué, allegorie:

Metonymie est vn trope, par lequel la diction trouuée & instituée pour signifier proprement la cause de quelque chose que ce soit, est mise & vsurpée pour signifier l'effect: Ou celle qui est proprement vsurpée pour le subiect, est transferee de ceste propre & naturelle signification, pour signifier la circonstance: ou au contraire, comme quand les mots destinez à signifier les effects ou circonstances, sont conuertis à signifier les causes & choses subiectes:

Ironie c'est quand par le contraire le contraire est entendu, c'est a dire quand on vsurpe quelque mot, le contraire duquel nous voulons signifier: Les françois la peuuent appeller simulation & dissimulation: Et est simple, ou continuée, a laquelle doit estre referée la preterition comme espece de dissimulation, quand nous faisons semblant de ne vouloir dire, ce que toutefois nous disons:

Metaphore c'est quand par le semblable, le semblable est entendu, c'est a dire quand vn mot propre a signifier quelque chose, est vsurpé pour vn autre semblable a icelle: Nous la pouuõs appeller en françois, translation, laquelle se peut prendre d'autant de choses, comme la similitude: Car il n'y a rien en la nature des choses, du nom & appellation dequoy, nous ne puissions vser en autre chose:

Synecdoche, que nous pouuons dire en françois, conception & intelligence, est quand par le nom de la partie, le tout est entendu, ou au contraire, quand par le nom du tout il faut entendre la partie:

Figure est vne autre espece d'elocution, par laquelle le langage est changé de la simple & vulgaire maniere de parler: Car tout ainsi que des dictions, les vnes sont propres, les autres transferées: Ainsi du langage & maniere de dire, l'vne est simple & vulgaire, l'autre est figurée, c'est à dire vn peu changée du commun & familier, qui s'offre premierement, quand nous voulons deuiser de quelque chose:

Il y a deux sortes de figure de Rhetorique, l'vne en la diction, l'autre en la sentence:

Figure de diction est vne figure, qui rend l'oraison douce & harmonieuse, par vne resonnance de dictions, appellée par les anciens, nombre, de laquelle on s'apperçoit auec plaisir & delectation: Le nombre donc de Rhetorique est vne plaisante modulation & harmonie en l'oraison, qui se faict, Ou par vne certaine mesure & quantité de syllabes, gardee en l'oraison: Ou par vne douce resonnãce & repetitions des dictions de semblable son: L'obseruation des syllabes en l'oraison est toute poëtique, & est appellée rhythme, ou metre: Rythme au vers frãçois se fait par l'obseruation de 2.3.4.5.6.7.8. 9.10. 11. syllabes sans quantité: mais le metre ou vers & carme se faict par l'obseruation de syllabes longues, ou breues: Toutesfois le françois n'a faict encore gueres d'art icy:

La repetition du son conuient tant a la prose, qu'au carme, & d'icelle peut vser l'orateur, & le Poëte indifferemment, quand bon luy semble, laquelle est semblable continüement en mesme sentence comme epizeuxe: En diuerse sentence, comme anadiplose, & gradation: Separement en mesme lieu, comme anaphore, epistrophe, & symploce: En lieu meslé, comme epanalepse, & epanode: Repetition du son dissemblable comme paronomasie, & polyptote:

Epizeuxe donc est vn nombre de Rhetorique, par lequel vn mesme son est subsequemment repeté:

Anadiplose est vn nombre, par lequel vn mesme son est repeté a la fin du precedent vers, & au commencement du suyuant:

Gradation est vn nombre aussi, quand l'oraison marche de telle sorte, que l'antecedent est repeté deuant, que ce qui s'ensuit prochainement soit proferé:

Anaphore, c'est a dire relation, est vn nombre aussi, par lequel vn mesme son est ouy au commencement des distinctions de l'oraison, c'est a dire ou des virgules, ou des membres, ou des periodes & clausules:

Epistrophe ou conuersion, est vn nombre du tout contraire a l'anaphore, par lequel le semblable son des dictions, est repeté a la fin des periodes de l'oraison:

Quant anaphore & epistrophe resonnent ensemble, les Grecs appellent ceste resonnance, symploce, les françois la peuuent appeller complication:

Epanalepse est vn nombre, par lequel le mesme son est repeté au commencement, & a la fin de la clausule:

Epanode, c'est a dire regression, ou r'entrée est vn nombre resonnant par semblables sons, repetez ou au commencement, & milieu, ou au milieu, & a la fin de la clausule:

Paronomasie, c'est a dire agnomination & allusion au mot, ou resemblance d'vn mot a l'autre, laquelle est ou de tout le mot, ou de partie d'iceluy: La paronomasie & resemblance de tout le mot est appellée des poëtes françois equiuoque, laquelle ils font espece de rhythme, quand le son du mot mis en la fin du carme, est repeté a la fin du vers simbolisant en vn, ou plusieurs mots de diuerse signification: La paronomasie & allusion est quelquefois en certaines syllabes: Car souuent les mots s'entreresemblent en premieres & dernieres syllabes: Quelquefois les mots se resemblent des syllabes du milieu, & des dernieres:

Le Polyptote est compris soubs l'agnomination: Les françois le peuuent appeller traduction, nombre par lequel souuentefois le cas est changé, & ce neantmoins quelque similitude entre les dictions est retenue:

Figure de sentence est vne figure de Rhetorique mise & estendue en la continuation de toute la sentence de l'oraison:

Elle est en logisme, ou dialogisme: Logisme quand la sentence est figuree sans collocution: Ces especes premierement, sont exclamation, & reuocation de soy-mesme: Secondement apostrophe, & prosopopée:

Exclamation est vn cri & eleuement de voix, inuente pour augmenter & amplifier: & est de diuerses affections, comme d'admiration, d'optation, d'irrision, d'indignation, de salutation, &c. A laquelle aussi se referent epiphoneme, & licence:

Epiph oneme est vne espece d'exclamation, laquelle est volontiers a la fin de la narration de quelque chose:

Licence est vne figure, laquelle monstre quelque hardiesse de dire ce qui sembloit estre dangereux a dire:

Reuocation de soy mesme, c'est quand quelque chose est reuoquée, & est comme vne moderation & refrigeration de l'ardeur & vehemence en l'exclamasion prochaine ou derniere: A ceste figure doit estre referée correction, & reticence:

Correction est vne reprehension, & amendement de nostre dire, laquelle a grace comme les autres, quand ce qui auoit esté auparauant dit, est subtilement & ingenieusement repris:

Reticence est vne interruption, par laquelle quelque partie de la sentence est retenue, & supprimée, & l'oraison quasi interrompue:

Apostrophe ou auersion est vne maniere d'interruption, quand nous destournons nostre propos d'vn personage, ou autre chose a vne autre:

Prosopopée ou sermocination est vne figure de sentence, par laquelle nous de nostre voix, & action contrefaisons, & representons la voix, & le personnage d'autruy: Elle est imparfaicte, ou parfaicte: Prosopopée imparfaite est appellée, quand toute la fiction de la persone, & oraison est legierement signifiée, comme si quelqu'vn raconte ce que on luy, ou vn autre a dict:

Prosopopée parfaicte, & plaine, c'est quand toute la fiction est representée par nostre action:

Dialogisme est ou en interrogation, ou response: Interrogation en deliberation, & occupation: Deliberation ou consultation en addubitation, & communication:

Addubitation monstre & exprime l'affection d'vn homme perplex & douteux:

Communication est vne deliberation, & consultation auec les autres, differente, & dissemblable de la figure prochaine, pource qu'en ceste la, nous doutons, & déliberons auec nous mesmes, en ceste-cy auec les autres:

Prolepse est vne figure de la sentence, par laquelle on vient au deuant de quelque demande, & obiection, a laquelle on respond promptement:

Elle est quelquefois appellée occupation, quelquefois subiection:

Responce est en permission, & concession:

Permission est quand on nous donne congé, & puissance de faire quelque chose:

Concession semble estre approbation de la chose proposee en sorte que comme permission est en faicts, ainsi concession est en dicts, & arguments, quand nous concedons ce que celuy, qui debat, & dispute contre nous, demande luy estre concedé:

Pronontiation est vne autre partie de Rhetorique, laquelle monstre à exprimer commodement, & mettre hors l'elocution, & l'oraison conceuë en l'esprit: Elle a deux parties, la voix, & le geste: desquelles parties la premiere se r'apporte à l'ouye, la seconde à la veuë, par lesquels 2. sens, toute cognoissance vient en l'esprit:

Mais il faut dire premierement de la pronontiation, qui consiste en la voix, la bonté de laquelle on doit sur tout desirer, pour bien proferer, & prononcer l'accent, & ton de l'oraison, les figures de diction, & de sentence, les affections de l'oraison plaine de courroux, plainctes, menaces, ioye, fascherie: & alors telle, qu'on l'aura, il la faut conseruer, & exercer, en sorte que tout ce, qui sera proferé, soit prononcé d'vn ton conuenable a ce, de quoy on parlera:

La pronontiation en geste, consiste en action, & bonne contenance de tout le corps, & de toutes ses parties singulieres.

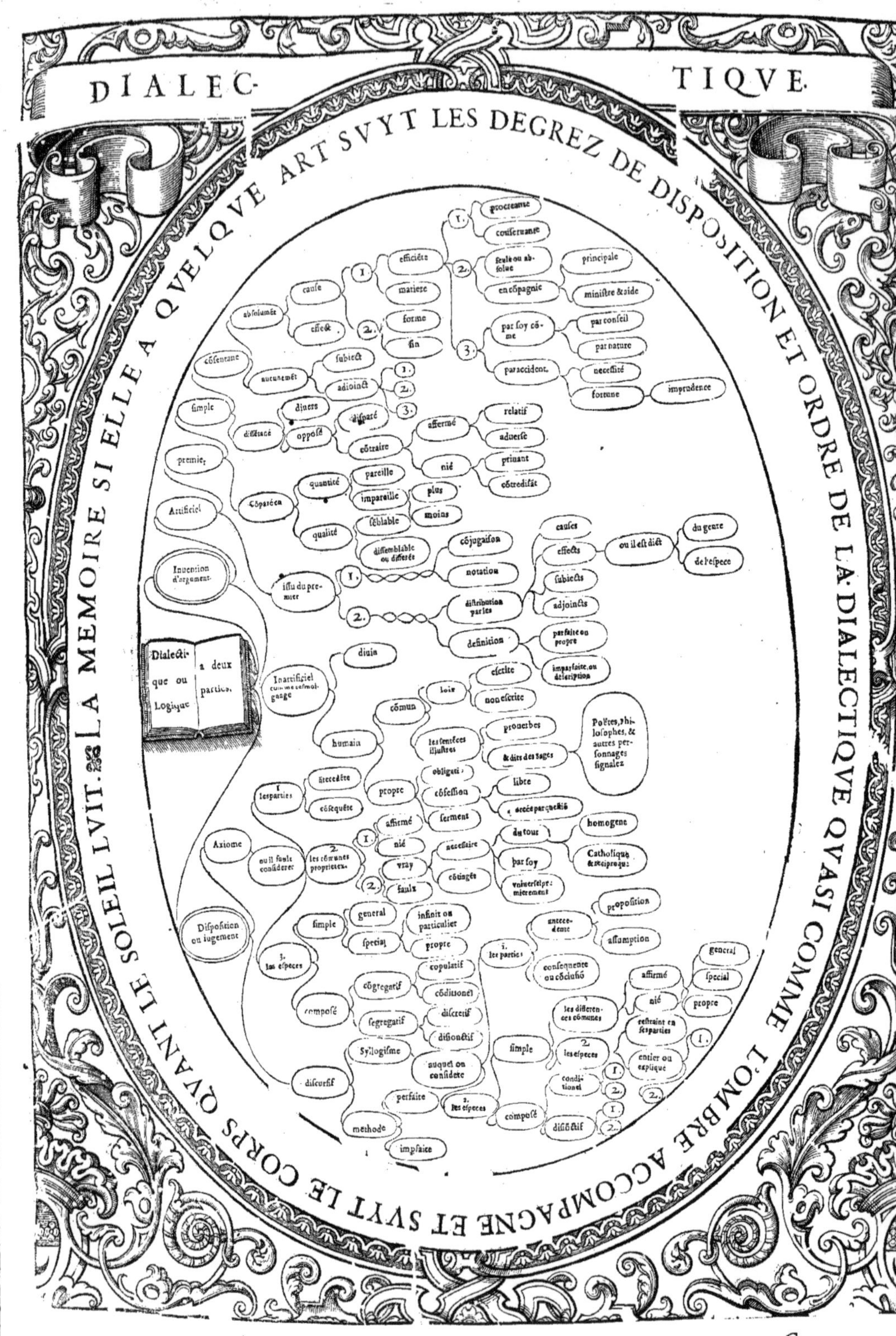
DIALEC- TIQVE.
LA MEMOIRE SI ELLE A QVELQVE ART SVYT LES DEGREZ DE DISPOSITION ET ORDRE DE LA DIALECTIQVE QVASI COMME L'OMBRE ACCOMPAGNE ET SVYT LE CORPS QVANT LE SOLEIL LVIT.
Dialectique ou Logique a deux parties.
Inuention d'argument.
Artificiel
premier
simple
cōsentane
absolumēt
cause
effect
1.
efficiēte
matiere
2.
forme
fin
1.
procreante
conseruante
2.
seule ou absolue
en cōpagnie
principale
ministre & aide
3.
par soy cōme
par conseil
par nature
par accident.
necessité
fortune
imprudence
aucunemēt
subiect
adioinct
1.
2.
3.
diffētant
diuers
opposé
disparé
cōtraire
affermé
relatif
aduerse
nié
priuant
cōtredisāt
Cōparées
quantité
pareille
imparseille
plus
moins
qualité
sēblable
dissemblable ou differēt
issu du premier
1.
cōiugaison
notation
2.
distribution parties
causes
effects
ou il est dict
du gente
de l'espece
subiects
adioincts
definition
parfaite ou propre
imparfaite, ou description
Inartificiel comme tesmoignage
diuin
humain
cōmun
loix
escrite
non escrite
les sentēces illustres
prouerbes
& dits des sages
Poëtes, philosophes, & autres personnages signalez
propre
obligati
cōfession
libre
ferment
Disposition ou iugement
Axiome
1 les parties
antecedēte
cōsequēte
ou il faut considerer
2 les cōmunes proprietez.
1.
affirmé
nié
2.
vray
faulx
necessaire
cōtingēt
du tout
homogene
par soy
Catholique & reciproque
vniuersel premierement
3. les especes
simple
general
special
infini ou particulier
propre
composé
cōgregatif
copulatif
cōditionel
segregatif
discretif
disionctif
discursif
Syllogisme
auquel on considere
1. les parties
antecedente
proposition
assumption
consequente ou cōclusiō
simple
les differences cōmunes
affirmé
nié
general
special
propre
2 les especes
restraint en ses parties
entier ou explique
1.
2.
conditionel
1.
2.
2 les especes
composé
disiūctif
1.
2.
methode
perfaite
imparfaite

PARTITIONS DE LA DIALECTIQVE.

Dialectique est l'Art de bien disputer & raisonner : Laquelle a deux parties inuention, & iugement: Inuention est la premiere partie de Dialectique, pour inuenter les raisons, & arguments:

Argument c'est ce qui est destiné, & propre à declarer quelque chose : Qui est artificiel, ou inartificiel: Artificiel fait foy de soy, & de sa nature: & est premier, ou issu du premier:

Le premier est simple, ou cōparé: Le simple est cōsentané, ou dissentané: Cōsentané cōsentit auec la chose, qu'il argue, & declare: & a quatre especes, cause, effect, subiect, adioinct:

Cause est argument, dont sort quelque effect : Laquelle aussi a quatre especes, efficiente, matiere, forme, fin:

Efficiente est cause, par laquelle la chose est faite : Icelle a trois diuisions : Par la premiere elle est procreante, ou conseruante :

Procreante est celle, qui premierement fait la chose Conseruante celle, qui la maintient en son estat:

Pour la deuxiesme diuision la cause efficiente est seule, ou en compagnie: La seule est celle, qui rend par son effect : l'efficiente en compagnie est principale, ou ministre & aide: En la troisiesme diuision la cause efficiente faict par soy, ou par accident: L'efficiente fait par soy, est celle qui fait par son propre mouuement, comme par conseil, ou par nature: Efficiente par accident, qui fait par mouuement externe, comme necessité, laquelle est forcée à son effect. Fortune aussi est cause par accident procedante sans contrainte à son effect:

Matiere est cause, de laquelle la chose est faite : Forme est cause, par laquelle la chose est ce qu'elle est, & par ce est differente de toutes autres choses : Fin est cause, pour laquelle quelque chose est faicte:

Effect c'est tout ce qui est issu des causes : Subiect c'est à qui quelque chose est adioincte : Adioinct est la chose adioincte au subiect:

Dissentané est argument, qui dissent, & contreuient auec la chose, qu'il argue, & declare: & est diuers, ou opposé : Diuers contreuient par la seule raison : Opposé dissent par la raison, & de fait : Opposé est disparé, ou contraire : Disparé est opposé, different non tres-grandement vn à vn, mais à plusieurs: Contraire est opposé tres-grandement vn à vn: & est affermé, ou nié: Affermé est relatif, ou aduerse: Relatif est contraire affermé, duquel l'essence est mutuele : Aduerse est contraire affermé, duquel l'essence est seoaré : Contraire nié c'est dont l'vn contient la negation de l'autre & est priuant, ou contredisant : Priuant est contraire nié, dont l'vn est habitude, l'autre priuation de l'habitude : Contredisant est aussi contraire nié, dont l'vn afferme, l'autre nie totalement le mesme.

Comparé c'est ce qui se confere l'vn auec l'autre : & a 2. especes, l'vne en quantité, l'autre en qualité:

La comparaison de quantité est appellée raison par les Mathematiciens : Elle est pareille, ou impareille : Pareils donc sont desquels est vne, & mesme quantité: Impareils, desquels la quantité n'est pas semblable : Impareil est plus, ou moins : Plus c'est ce dont la quantité excede : Moins ce dont la quantité est moindre:

Comparaison de qualité est par laquelle les choses sont dictes estre telles, à sçauoir semblables, ou dissemblables : Semblables sont desquels est vne mesme qualité: Dissemblables desquels la qualité est diuerse : & s'appellent aussi differents, comme dissimilitude, & difference sont prises pour vn:

Les arguments issus des premiers sont coniugaison, notation, distribution, definition :

Coniugaison c'est variable commutation des noms d'vn genre:

Notation est interpretation du nom :

Distribution est distinction du tout en ses parties, laquelle est par les causes, ou effects, ou subiects, ou adioincts : De la 2. espece de distribution par les effects est la distribution du genre en ses especes, laquelle est proprement appellée diuision : Genre est vn tout de choses semblables en essence, ou essence semblable de plusieurs choses : Espece est partie du genre :

Definition c'est ce qui declare proprement que c'est, que la chose : Elle est imparfaite, ou parfaicte. Celle-là proprement s'appelle definition, & ceste-cy description : Definition parfaicte est vne definition composée des causes constituantes l'essence:

Description est definition composée aussi des autres arguments:

Argument inartificiel est, qui de soy, & de sa force ne faict foy, mais empruntant la force de quelque argument artificiel : Cet argument est appellé communément authorité, ou tesmoignage : Et est diuin, ou humain : Diuin comme les oracles de Dieu, & les propheties: Humain est commun, ou propre: Commun comme loix escrite, & non escrite, les sentences illustres, comme les prouerbes, & dicts des sages Poëtes, Philosophes, & autres personnages insignes: Tesmoignage propre, comme obligation, confession, question, & serment:

Iugement est la 2. partie de Dialectique, qui enseigne à disposer les arguments pour bien iuger par certaine regle de disposition, dont ceste partie est appellée en vne mesme signification iugement, & disposition : Iugement est sans discours comme l'axiome, ou discursif comme syllogisme, & methode:

Axiome est la disposition d'vn argument auec l'autre, par lequel on iuge si vne chose est, ou non : Auquel faut considerer premierement les parties antecedente, & consequente : Secondement les affections, & proprietez communes de l'affirmation, ou negation, du vray, ou faux: Tiercement les especes, simple, composee:

Axiome est affermé si le lien est affermé, & au contraire il est nié par iceluy nié : Il est vray quand il prononce, comme la chose est: Le faux au contraire : L'axiome vray est necessaire, ou contingent : Necessaire quand il est tousiours vray, & ne peut estre faux : Iceluy affermé est appellé du tout : L'impossible au contraire ne peut onques estre vray : Mais outre ce il doit estre homogené, quand les parties sont essencieles entre elles, reciproque quand le consequent est affermé, & vray de son antecedent non seulement du tout, & par soy, mais aussi reciproquement:

Axiome contingent est quand il est tellement, qu'il peut quelquesfois estre faux aussi :

Les especes de l'axiome sont 2. simple, ou composé. Axiome simple est compris sous vn verbe, ainsi par l'affirmation, ou negation de ce verbe, on afferme, ou l'on nie : Axiome simple est general ou particulier, ou propre:

General quand le consequent commun est generalement attribué à l'antecedent commun:

Particulier est quand le consequent commun est particulierement attribué à l'antecedent:

Propre quand le consequent est attribué au propre antecedent :

Axiome composé a plusieurs sentences conioinctes, duquel le lien n'est plus verbe, mais conionction : l'Axiome composé est pour le regard de sa conionction congregatif, segregatif: Congregatif copularif, ou conditionel : Segregatif discretif, ou disionctif:

Axiome copulatif est axiome composé, duquel le lien est la conionction, & : Conditionel duquel le lien est la conionction, si : Discretif duquel la conionction est discretiue: Disionctif duquel la conionction est disionctiue, ou autrement :

S'ensuit le iugement discursif, qui est quand vn Axiome est tiré d'vn autre : Et est syllogisme, ou methode :

Syllogisme est iugement discursif, par lequel la question est tellement disposée auec l'argument, qu'ayant mis l'antecedent, la conclusion s'ensuit necessairement : Duquel on considere premierement les parties, & apres les especes:

L'antecedent du syllogisme a 2. parties, proposition, & assomption : Mais le consequent est celuy, qui contient les parties de la question, & la conclue, dont on l'appelle complexion, ou conclusion :

Proposition est par laquelle le consequent de la question est disposé auec l'argument : Assomption est tiré de la proposition : Conclusion embrasse les parties de la question qu'elle conclud :

Le syllogisme a 2. especes : Car syllogisme est simple, ou composé : Simple quand la partie consequente de la question est mise en la proposition, & la partie antecedente en l'assumptiō: Et il est affermé selon ses parties affermées, nié quand l'vne des parties antecedentes est niée auec la conclusion : Il est general quand la proposition, & assumption sont generales, & special quand vne des deux seulement est generale: Il est aussi propre, quand toutes les deux sont propres:

Syllogisme simple est restreint en ses parties, ou entier, & dilaté : Restreint c'est quand l'argument est tellement adiousté à la question particuliere pour exemple, que precedent l'vne & l'autre partie, & affermé de l'assomption, est mieux entendu:

Le Syllogisme entier est quand la proposition est generale, ou propre, & la conclusion semblable à l'antecedent, ou à la partie plus debile : Il a 2. especes, en la premiere l'argument est consequent tousiours, & conclud seulement la question niée. Et est general premier, general second, Special 1. 2.

La deuxiesme espece du syllogisme entier est, quand l'argument est antecedent de la proposition, consequent affermé de l'assomption: & est affermé general, nié general: Affermé special, nié special : Affermé propre, nié propre:

Le Syllogisme composé c'est quand toute la question est l'vne des parties de la proposition affermée, & composee, & l'argument est l'autre partie: Ce syllogisme composé est conditionel, ou disionctif:

Syllogisme conditionel est duquel la proposition est conditionele : Il a 2. especes : La premiere espece conditionele reprend l'antecedent, & conclud le consequent : La 2. reprend la contradiction du consequent, & conclud la contradiction de l'antecedent:

Le syllogisme disionctif est syllogisme composé, duquel la proposition est disionctiue : Il a 2. especes aussi, La premiere espece disionctiue reprend la contradiction de l'vn, & conclud l'autre : La 2. reprend l'vn, & conclud la contradiction de l'autre :

Methode est vn iugement discursif de diuers axiomes homogenez, qui sont proposés pour estre du tout, & absolument procedens de nature, plus euidens, plus clairs, & notoires : Il y a methode de doctrine, & methode de prudence:

Methode de doctrine, ou artificiele, & parfaite est vne methode prise, & desduite de propositions generales plus claires, & notoires de nature à celles, qui sont moins cognues de nature, & aux speciales:

Methode de Prudence, ou naturele, inartificiele, & imparfaicte est ainsi appellée : Par ce que à grand peine peut elle estre gouuernee par aucun art certain: & pourtant elle est presques toute contenue par la prudence, & iugement de l'homme.

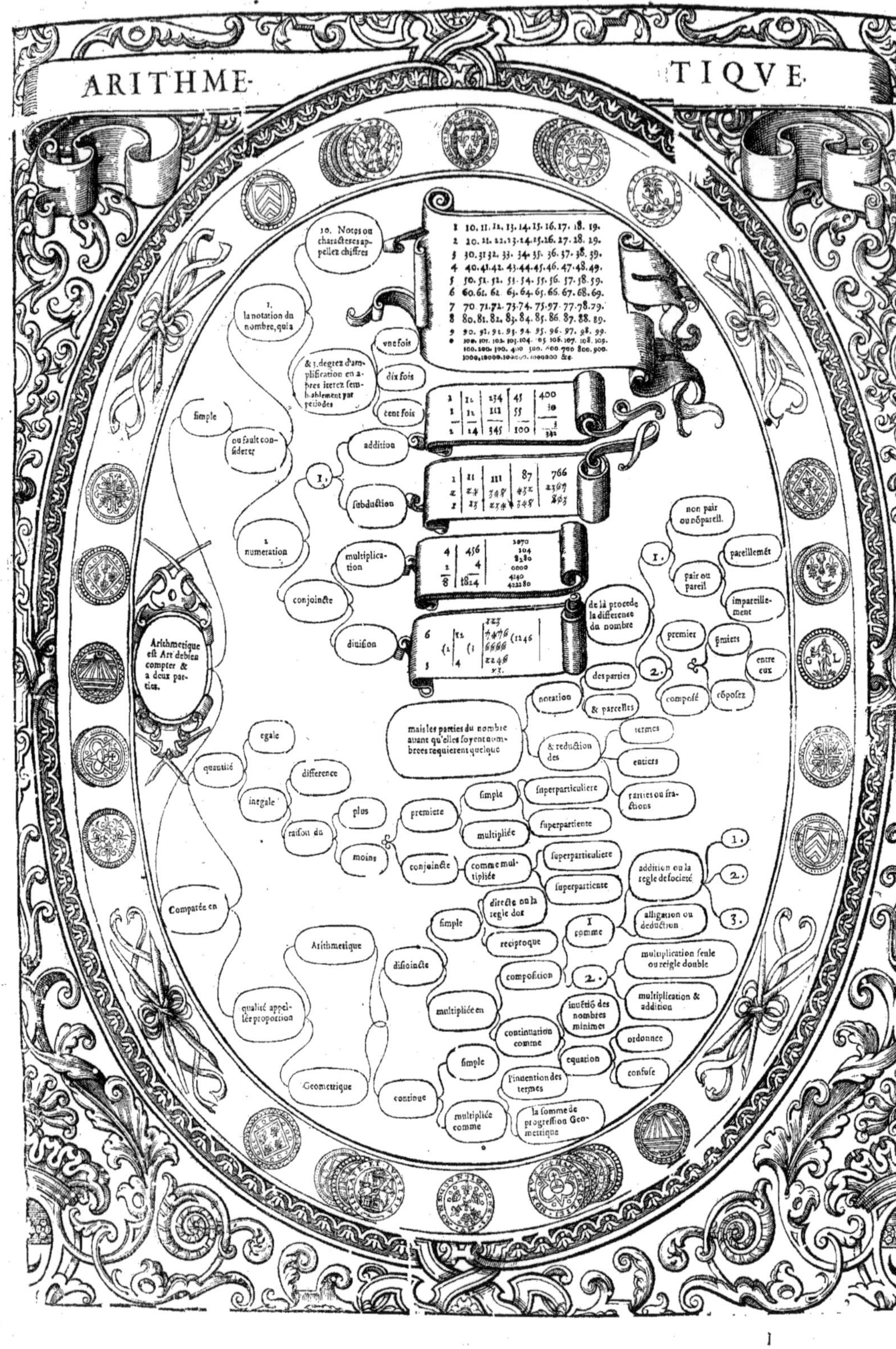
ARITHME- TIQVE
Arithmetique est Art de bien compter & a deux parties.
simple
ou fault considerer
1. la notation du nombre, qui a
10. Notes ou characteres appellez chiffres
1 10. 11. 12. 13. 14. 15. 16. 17. 18. 19.
2 20. 21. 22. 23. 24. 25. 26. 27. 28. 29.
3 30. 31 32. 33. 34. 35. 36. 37. 38. 39.
4 40. 41. 42. 43. 44. 45. 46. 47. 48. 49.
5 50. 51. 52. 53. 54. 55. 56. 57. 58. 59.
6 60. 61. 62. 63. 64. 65. 66. 67. 68. 69.
7 70. 71. 72. 73. 74. 75. 97. 77. 78. 79.
8 80. 81. 82. 83. 84. 85. 86. 87. 88. 89.
9 90. 91. 92. 93. 94. 95. 96. 97. 98. 99.
100. 101. 102. 103. 104. 105. 106. 107. 108. 109.
100. 200. 300. 400 500. 600. 700 800. 900.
1000. 10000. 100000. 1000000 &c.
& 3. degrez d'amplification en apres iterez semblablement par periodes
vne fois
dix fois
cent fois
2. numeration
1.
addition
subduction
conjoincte
multiplication
diuision
de là procede la difference du nombre
1. non pair ou nõpareil.
pair ou pareil
pareillemét
impareillement
2. premier
compofé
premiers
cõposez
entre eux
notation
des parties
& parcelles
mais les parties du nombre auant qu'elles soyent nombrees requierent quelque
& reduction des
termes
entiers
parties ou fractions
quantité
egale
inegale
difference
raison du
plus
moins
premiere
simple
multipliée
superparticuliere
superpartiente
conjoincte
comme multipliée
superparticuliere
superpartiente
Comparée en
qualité appellée proportion
Arithmetique
Geometrique
disioincte
simple
directe ou la regle de 3
reciproque
multipliée en
composition
continuation comme
I comme
addition ou la regle de focieté
1.
2.
3.
alligation ou deduction
2.
multiplication seule ou reigle double
multiplication & addition
inuētiō des nombres minimes
equation
ordonnee
confuse
continue
simple
l'inuention des termes
multipliée comme
la somme de progression Geometrique

PARTITIONS DE L'ARITHMETIQVE.

ARithmetique est l'Art de bien nombrer : laquelle a deux parties simple, & comparée:

La simple est celle, qui considere la simple nature du nombre : Or le nombre c'est selon lequel chacune chose est nombree, soit par nombre entier, ou par les parties : Auquel faut considerer premierement la notation, & apres la numeration:

La notation du nombre à dix notes, qu'on appelle chiffres, qui sont, 1. 2. 3. 4. 5. 6. 7. 8. 9. 10. & trois degrez d'amplification repetés en apres semblablement par Periodes, vne fois, dixfois, centfois : Car chaque note de nombre seule, ou mise en dernier lieu de tout le nombre, exprime son nombre vne fois, au penulteisme dixfois, à l'antepenultiesme centfois: La consideration donc de la premiere periode est telle: La seconde est de mille milliers: Pourtant on nombre au quatriesme lieu mille vne fois, au cinquiesme dixfois, au sixiesme cent fois: En la troisiesme million vne fois, dix fois, cent fois · Ainsi pareillement en la quatriesme Periode mille millions: ou il y a trois degrez, qui se reiterent semblablement, & ainsi infiniement:

La numeration trouue par deux termes proposez des nombres le troisiesme, & mesmement si elle ne peut estre expediee toute ensemble, vse de l'induction des parties. Pource que c'est vne mesme chose de nombrer par le tout, & par les parties : & alors chacune note est consideree seule & à part, & si elle serre à la numeration suiuante, on la reserue en la memoire, pour euiter la fascherie de si frequente effasure:

Or il y a numeration premiere, ou conioincte : La premiere est celle, qui conioinct vne fois le nombre auec autre nombre, comme est addition, & subduction:

Addition est numeration premiere, par laquelle vn nombre est adiousté auec vn autre, & apres on a le tout : & est l'addition des nombres ou conioincts & s'entresuiuans, laquelle est la premiere & plus facile, parce que le tout est adiousté ensemble auec le tout, ou separez, en laquelle sorte d'addition, on considere la meditation de la table des nombres : & premierement aux notes singulieres entre elles, ou chacun pourra adiouster promptement les singulieres auec les singulieres, & l'induction:

La subduction ou soubstraction est numeration premiere, par laquelle le nombre est osté d'auec vn autre nombre, & puis apres on a le residu:

La numeration conioincte compose le nombre auec vn autre nombre autant de fois, qu'il est proposé : Icelle est multiplication, ou diuision:

La multiplication est par laquelle le nombre, qui se multiplie, est adiousté autant de fois, que l'vnité est contenue au nombre, qui multiplie, & puis apres on a celuy qui prouient des deux:

La diuision ou partitiõ est par laquelle le nõbre diuiseur est autant de fois osté de celuy, qui doit estre diuisé, qu'il est cõtenu, & puis on a celuy, qui en prouiẽt, lequel se nomme quotient:

De la diuision procede la difference du nombre, premierement pair, & nompair:

Nombre pair c'est celuy, qui se peut partir sans fraction en deux moitiés, comme 2. 4. 6. 10. 12.

Nompair, celuy qui ne peut, comme 3. 5. 7.

Nombre pair est soufdiuisé derechef en nombre pairement pair, ou pairement nompair, & nompairement pair:

Pairement pair est celuy, qui se peut mettre en parties egales iusques à vn, comme 4. se diuisent en deux par 2. & 2. par vn, aussi 32. en 16. en 8. en 4. en 2. & finalement en 1.

Pairement nompair est celuy, qui se diuise seulement vne fois egalement, comme 10. 30. 50:

Nompairement pair est celuy, qui a plusieurs parties egales, mais qui ne reçoiuent point diuision iusques à vn, comme 12. 24. 36. 48.

Secondement le nombre est premier, ou composé: Nombre premier est celuy, qui ne se diuise point par autre nombre de multitude, comme 3. 5. 7. 11. 13. & autres : Il est nommé aussi nombre non composé c'est a dire, qui n'est point fait par autre nombre de multitude:

Nombre composé est celuy, qui se diuise par autre nombre de multitude, comme 4. se diuisent en 2. par 2.

De ceux ci procede autre difference de nombres sçauoir premiers, & composez entre eux:

Nombres premiers entre eux sont ceux, qui communement ne se diuisent point par nombre de multitude, comme 2. & 3. 5. & 6.

Composez entre eux sont nombres, qui communement se diuisent par nombre de multitude, comme 4. & 6. sont composez entre eux, parce qu'ils sont communement diuisez par deux qui est nombre de multitude:

Mais auant que les parties du nombre soyent nombrees, elles requierent quelque propre notation, & reduction:

La notatiõ est des parties, ou parcelles, dont il y a 2. marques seulemẽt, qui sont separées par vne ligne interposée: Le nõbre de dessus s'appelle numerateur, celuy de dessous denominateur:

La reduction est des termes, entiers, & parties:

La reduction des termes se fait aux plus petits termes proportionaux, & est generale, ou speciale : Generale est vne diuision de termes composez entre eux par le plus grand diuiseur commun, comme 8. par 4. Speciale par les especes de la numeration aux termes des deux parties:

Reduction des entiers est vne multiplication des entiers par le nom des parties:

Reduction des parties ou fractions aux entiers est vne diuision des parties par son nom : Reduction des parties aux parties est vne multiplication des termes par le nom alternatif aux 2. proportionales de mesme nom:

Reduction des parties aux vnes egales est vne reduction de diuerses parcelles:

L'autre partie comparée d'Arithmetique expose la comparaison des nombres en quantité, & qualité:

Les termes de la raison du nombre comparé s'appellent antecedent, & consequent : L'antecedent est le premier terme de raison: Le consequent est le deuxiesme: Celuy la s'appelle duc, & cestuy-cy conte.

La comparaison en quantité est ou d'egalité, qui est seule & indiuidue, comme 1. à 1. 2. à 2. de 4. à 4. de 9. à 9. ou d'inegalité, laquelle s'appelle difference, ou raison :

Difference est vne comparaison d'autant que le terme differe du terme, & pourtant elle est cognue par la subduction, ainsi la difference de 2. à 3. & de 4. à 5. & de 5. à 8. est 1. 2. 3.

Raison est vne comparaison toutes les fois que le terme est contenu au terme, & pourtant elle est cognue par la diuision, & ainsi apres que la raison est donnée, les termes sont cognus par la multiplication contraire, comme la raison de 3. à 2. est sesquiseconde, pource que 3. contiennent vne fois 2. & la moitié:

Raison d'inegalité est du plus, ou moindre : La raison d'inegalité majeure est nommée par le terme majeur, mais du moindre en preposant sous, comme la raison de 2. à vn est appellée double, de 1. à 2. sousdouble:

Raison est premiere, ou conioincte: La premiere à vne espece de raison, & est simple, ou multiple:

Simple quand le terme majeur contient le moindre vne fois seulement, & quelque chose dauantage, comme raison surparticuliere, & surpartiente :

Raison surparticuliere est quand le terme contient vne fois seulement vn terme, & dauantage vne partie, si vne seconde, tierce, quarte, quinte, est appellée sesquiseconde, sesquitierce, sesquiquarte, sesquiquinte, & ainsi des autres, comme icy [illegible]:

Raison surpartiente est quand le terme contient vne fois vn terme, & outre plus quelques parties, si deux tierces, trois quartes, quatre quintes, est appellée surbipartiente tierce, surtripartiente quarte, surquadripartientequinte, & ainsi des autres, comme, [illegible]:

Raison multiple est quand exactement le terme contient souuent vn terme, si deux fois, trois fois, quatre fois, est appellée raison double, triple, quadruple, comme $\frac{2}{1}$: $\frac{3}{1}$: $\frac{4}{1}$:

Raison conioincte est celle, qui contient plusieurs sortes de raison, comme raison multiple surparticuliere quand le terme souuent contient vn terme, & dauantage quelque partie, comme double sesquiseconde, triple sesquitierce, quadruple sesquiquarte, comme se voit icy, [illegible]

Raison multiple surpartiente est quand le terme souuent contient vn terme, & dauantage plusieurs parties, comme double surbipartiente tierce $2\frac{2}{3}$: triple surtripartiente quarte $3\frac{3}{4}$: quadruple surquadripartiente quinte, $4\frac{4}{5}$: ainsi qu'on voit icy [illegible]

La comparaison de nombres en qualité s'appelle proportion, qui est d'Arithmetique, ou Geometrique:

Proportion d'Arithmetique est vne esgalité de differences: Proportion Geometrique est en l'egalité de raison : c'est icy proprement que portion de nombres, & nombres proportionaux sont appellez, comme 3. 6. 4. 8.

En partie directement, comme 3. à 6. ainsi 4. à 8. En partie à rebours, comme 8. à 4. ainsi 6. à 3. & alternatiuement, comme 3. à 4. ainsi 6. à 8.

Proportion est separée, ou continue : Proportion separée, & disioincte c'est en laquelle y a actuellement 4. termes, comme 12. 8. 6. 2. Car par tout y a difference de 4.

Proportion continue ou conioincte c'est en laquelle le terme du milieu est comparé à tous les deux extremes, laquelle aussi on dict qu'elle est contenue en 4. termes, comme en 8. 6. 4. les differences sont egales: Car le nombre de deux est par tout, & le milieu se prend deux fois : Car comme 8. sont à 6. ainsi 6. à 4.

Proportion separée est simple, ou multiple : La simple est en 4. termes, & est directe, que l'on dict la regle d'or, ainsi nommée à cause de son vsage singulier, en laquelle entre plusieurs autres choses, mais principalement est contenue toute l'inuention, & supputation des parties, & raisons: Ou elle est reciproque, quand elle est comme le premier terme de la premiere raison au premier terme de la deuxiesme raison, ainsi le second terme de la seconde est au deuxiesme de la premiere:

Proportion separée multiple est quand on vsurpe plus de 4. termes en composition, ou continuation : Composition des termes est premiere, ou seconde : Premiere, comme addition, & alligation:

Addition que l'on dict la regle de societé, c'est quand les termes de la proportion, qui est donnée, sont adioustez, & est triple, 1. 2. 3. La premiere est addition de l'antecedent auec le consequent au consequent, comme 4. à 3. ainsi 8. à 6. donc comme 7. à 3. ainsi 14. à 6. La seconde est addition de plusieurs antecedens à vn consequent, ou d'vn antecedent à plusieurs consequens, comme 2. à 4. ainsi 3. à 6. & 8. à 4. La 3. est vne addition de tous les antecedens à tous les consequens:

Alligation ou deduction est vne mixtion & meslange de diuers genres, d'ou le moyen est temperé: Alligation est du moyen ou acquis, ou donné: L'alligation qui cerche le moyen, est celle qui ayant les termes proposez cerche le moyen en la diuision de ceux qui sont adioustez par leur nombre, comme s'il y a 2. termes par 2. Si 3. par 3. & ainsi consecutiuement : L'alligation qui donne le moyen c'est equation du moyen proposé par les differences reciproques à luy des termes inegaux:

La 2. composition des termes se faict aux termes multipliez, quand pour deux simples on en prend deux, qui sont faicts par eux:

Mais la multiplication est quelquefois seule, qui s'appelle vulgairement la regle double, ou la regle des six quantitez : Quelquefois y a aussi multiplication, & addition, laquelle premierement multiplie les termes proposez, puis adiouste ceux, qui en sont faicts :

Proportion continuée par les termes est quand quelque terme de la raison antecedente se continue à la consequente, comme l'inuention des plus petits nombres es raisons proposez, & l'equation c'est à dire la continuation de deux ordres proportionaux en deux nombres, qui est ordonnée, ou confuse:

Equation ordonnée est celle, qui est selon le mesme ordre des nombres: Pourtant les premiers sont proportionaux aux seconds, les seconds aux troisiesmes, comme on veoit icy [illegible] Car comme 9. à 6. ainsi 12. à 8. & comme 6. à 3. ainsi 8. à 3.

Equation confuse c'est quand tout ainsi que le premier du premier ordre est au second, ainsi le second du deuxiesme au troisiesme : & comme le second du premier est au troisiesme, ainsi le premier du second au deuxiesme, ainsi qu'il se peut voir icy [illegible]: Car comme 9. à 8. ainsi 18. à 16. & comme 8. à 6. ainsi 24. à 18.

Proportion continue est quand tout ainsi que la raison du premier terme est au second, pareillement elle est de mesme du second au troisiesme, comme en 2 4 8.

La proportion continue, comme separée est simple en 3. termes, ou multiple en ceux, qui sont continus longuement, comme l'inuention des termes, & la somme de proportion Geometrique, & adonc la raison du premier au second est doublée au troisiesme, triplée au quatriesme, & ainsi vn moins consequemment, comme en 1. 2. 4. la raison 1. à 4. est la raison 1. doublée à 2. c'est à dire deux fois mise, & par ainsi par soy mesme multipliée: Voila que c'est de l'inuention des nombres continus, ou conioincts: s'ensuit la somme de progression Geometrique:

Si le premier est osté du second & dernier, il sera comme le reste du second au premier, ainsi le reste du dernier au dernier tous precedens : & pourtant si le 4. (qui sera semblable au reste du dernier, comme le reste du second au premier) est adiousté du tout au dernier, la somme sera, ainsi que on veoit icy [illegible]: Que 2. soyent ostez de 4. & de 8 comme 2. qui restent du second, sont au premier, ainsi 8. (qui restent du dernier) sont a 4. & 2. precedens: Car il y a egalité par tout : Donc 1. 2. 6 6. sont proportionaux : Que 6. soyent adioustez aux 8. derniers, la somme de progression sera 14.

K

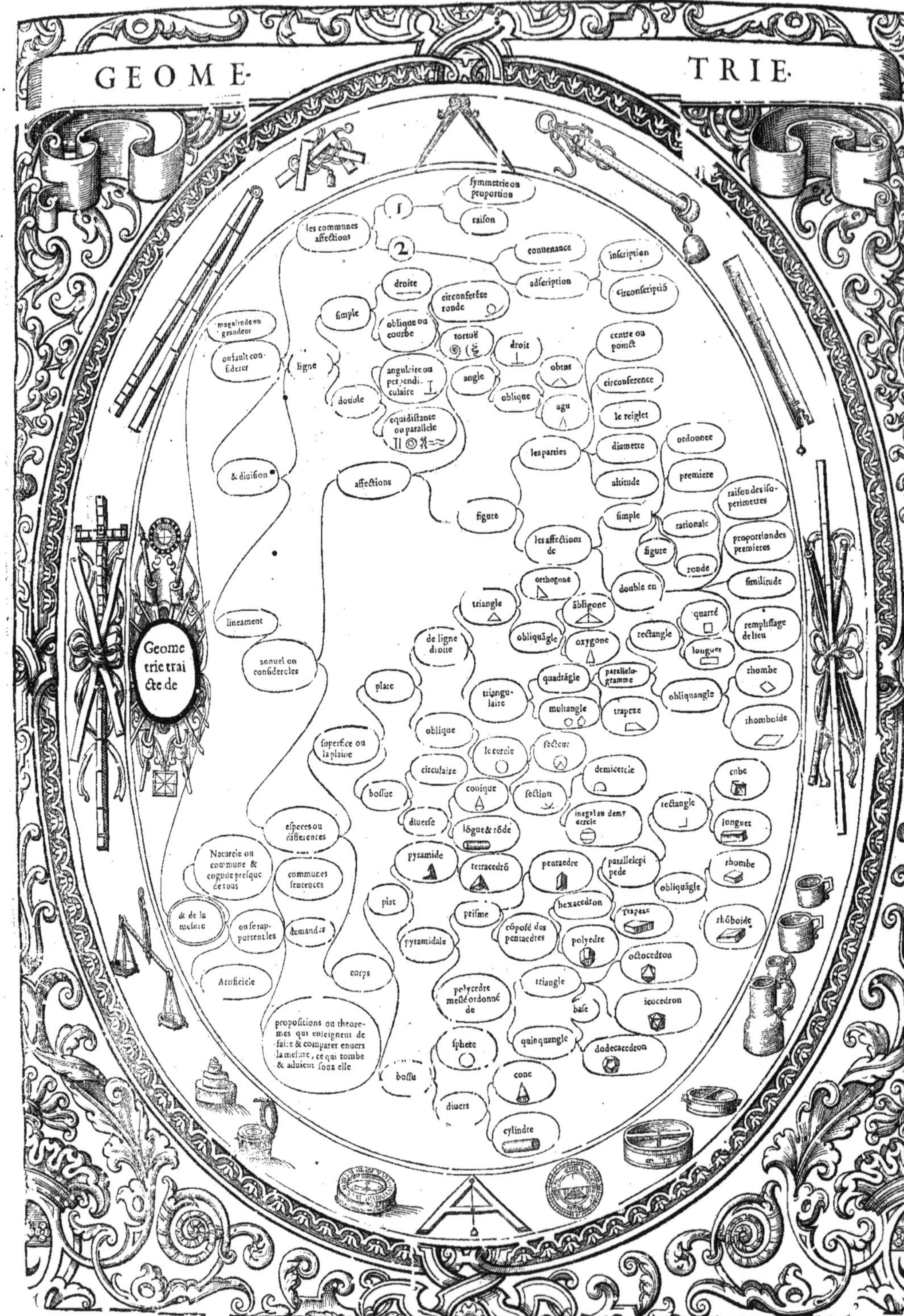

GEOME- TRIE
Geome trie trai cte de
magnitude ou grandeur
ou fault considerer
ligne
& diuision
lineament
auquel on considere les
les communes affections
1
symmetrie ou proportion
raison
2
conuenance
adscription
inscription
circonscriptio
droite
simple
circonferēce ronde
oblique ou courbe
tortuë
angulaire ou perpendiculaire
double
equidistante ou parallele
droit
angle
obtus
oblique
agu
centre ou poinct
circonference
le reiglet
diametre
altitude
les parties
ordonnee
premiere
affections
figure
simple
raison des isoperimetres
rationale
les affections de
figure
proportion des premieres
ronde
similitude
double en
orthogone
triangle
ābligone
obliquāgle
oxygone
rectangle
quarré
longuet
remplissage de lieu
de ligne droite
plate
triangulaire
quadrāgle
parallelogramme
obliquangle
rhombe
multangle
trapeze
rhomboide
oblique
superfice ou la plaine
le cercle
secteur
circulaire
demicercle
bossue
conique
section
rectangle
cube
diuerse
inegal au demy cercle
lōgue & rōde
longuet
pyramide
tetracedrō
pentaedre
parallelepipede
rhombe
obliquāgle
especes ou differences
Naturele ou commune & cognue presque de tous
communes sentences
& de la mesure
ou se rapportent les
demandes
Artificiele
plat
prisme
hexacedron
Trapeze
rhōboide
pyramidale
cōposé des pentaedres
polyedre
octocedron
corps
triangle
polyedre meslé ordonné de
base
icocedron
propositions ou theoremes qui enseignent de faire & comparer enuers la mesure, ce qui tombe & aduient soubz elle
sphere
quinquangle
dodecacedron
bossu
cone
diuers
cylindre

L

PARTITIONS DE GEOMETRIE.

GEOMETRIE est l'Art de bien mesurer la magnitude ou grandeur, c'est à dire quantité continue, par laquelle la chose est appellée grande, ou petite:
Mais le continu ou continuant c'est ce, duquel les parties sont contenues au terme commun:
Le terme est le bord de la grandeur:
Le poinct est le signe ou marque indiuisible en la grandeur: En laquelle faut considerer premierement les communes affections, & apres la diuision ou difference:
Les communes affections prinses du nombre sont la proportion, & raison: Celles prinses d'elles mesmes sont la conuenance, & adscription: En laquelle on considere aussi l'inscription, & circonscription: comme,
Les grandeurs proportioneles sont celles, qui sont mesurées de mesme mesure: Celles qui ne sont proportionnées au contraire:
Les magnitudes ou grandeurs rationales sont celles, desquelles la raison est facile à expliquer par le nombre de la mesure proposée: Les irrationales au contraire:
Les congrues sont celles, desquelles les parties appliquées aux parties occupent le lieu ou place egale:
Les magnitudes adioinctes entre elles sont quand les termes de l'vne sont terminez par les termes de l'autre: Celle de dedans s'appelle inscripte, celle de hors circonscripte:
La diuision ou difference de la grandeur est en ligne, & lineament:
La ligne est vne grandeur longue seulement, le terme de laquelle est le poinct: En icelle faut considerer les affections ou d'vne seule, ou de deux: La ligne seule est droite, ou courbe:
Ligne droite est celle, qui s'estend également dans ses termes: Courbe au contraire c'est la ligne, qui s'estend inegalement dans ses termes: La ligne courbe ou oblique est diuisée en circonference ronde, ou tortue:
La circonference ronde est celle, qui est distante également du milieu de l'espace comprinse & enclose: Tortue au contraire est celle, qui est distante & loing inegalement du milieu de l'espace aucunement enclose & comprinse: Dont y a plusieurs especes:
Ligne double est perpendiculaire ou angulaire, parallele ou equidistante:
Lignes droites entre elles sont celles, desquelles l'vne tombante sus l'autre, s'estend egalement: Obliques ou courbes au contraire: ( )
Lignes paralleles ou equidistantes sont celles, qui sont distantes egalement par tout:
Le Lineament est vne magnitude ou grandeur plus que longue: Auquel on considere les affections, & especes:
Les affections du lineament sont l'angle, & figure:
Angle est vn lineament en la section commune des termes, duquel les jambages sont termes comprenants l'angle ou coing: Duquel y a 2. especes, droit ou oblique: ( )
Angle droit est celuy, duquel les jambages sont droits entre eux: Oblique au contraire, lequel est obtus, ou aigu:
L'Angle obtus ou camus est Angle oblique plus grand, que le droit: L'aigu plus petit:
Figure est vn lineament terminé & borné de toute part: En laquelle faut regarder les parties, & affections: ( )
Les parties sont, le centre, la circonference, le reglet, le diametre, l'altitude: La circonference c'est la comprehension de la figure:
Le centre c'est vn poinct au milieu de la figure:
Le reglet est vne ligne droite depuis le centre iusques à la circonference:
Le Diametre est vne droite ligne, qui est escrite en la figure par le centre, laquelle aux figures plattes & de droites lignes proprement s'appelle diagonale, & aux especes & solides, aissieu:
L'altitude ou hauteur est vne perpendiculaire depuis le sommet de la figure iusques à la basse:
Or en toute la figure les affections sont de figure simple, ou double: De figure simple, comme ordonnance, primauté & raison:
Figure ordonnée est vne figure de terme & angle esgaux: Figure premiere est celle, qui ne se diuise point en d'autres figures plus simples: Figure rationale est celle, qui est comprinse en basse, & altitude rationales entre elles:
Les affections de la figure double sont en raison des figures isoperimetres, & en proportion des premieres figures, & en similitude, complement de lieu, rondeur:
Car les figures isoperimetres sont celles, qui sont de pareille circonference: Figures semblables sont celles, qui sont d'angles pareils, & proportionez aux bas & jambages des angles esgaux: Figures remplissantes le lieu sont celles, qui estans mises en quelque maniere que ce soit à l'entour d'vn mesme poinct, ne laissent rien de vuide: Figure ronde est celle dont les rayons sont esgaux & pareils: voila les affections du lineament, s'ensuiuent les especes & differences à sçauoir la superfice, & le corps:
Superfice ou plaine c'est vn lineament large seulement, dont le terme est la ligne: Elle est platte, ou bossue:
Superfice platte est celle, qui dans ses termes s'estend également: & est de lignes droites, ou courbes:
Superfice de lignes droites est platte, laquelle est comprinse en lignes droites, & se diuise en triangle, ou triangulaire:
Triangle c'est ce qui est compris en trois lignes droites: Le triangle est d'angle droit, ou d'angle courbe:
Triangle d'angle droit s'appelle orthogone, qui a vn angle droit, la dimension duquel se fait par le reglet, qui est l'instrument le plus excellent, & plus commode de tous les instruments geometriques, & fort ancien, on l'appelle vulgairement le baston de Iacob:
Triangle d'angle courbe c'est celuy, qui n'a point d'angle droit: Et est amblygone, ou oxygone:
Amblygone est celuy, qui a vn angle obtus ou camus: Oxygone, qui a tous les angles aigus: Le triangulaire est vne superfice platte de ligne droite, lequel est composé de triangles: & est quadrangle, ou multangle:
Le quadrangle est comprins en quatre lignes droites: Et est parallelogramme, ou trapeze:
Le parallelogramme est vn quadrangle equidistant aux costez, qui sont opposez: Auquel faut considerer les especes: Car il y a parallelogramme d'angle droit, ou d'angle courbe:
Le parallelogramme rectangle a tous les angles droits, & est quarré, ou longuet:
Le quarré est vn parallelogramme rectangle de pareils costez: Le longuet est de costez inegaux:
Le parallelogramme obliquangle ou d'angle courbe est appellé rhombe, ou rhomboide:
Rhombe ou lozange est vn parallelogramme d'angle courbe, & de pareils costez: Rhomboide est d'angle courbe, & de costez inegaux: Voila les especes du parallelogramme:
Le trapeze est vn quadrangle quadrilatere, qui n'est pas parallelogramme:
Le multangle est vn triangulaire comprins en plus de quatre lignes droites:
La superfice platte de ligne courbe est appellée cercle, qui est vne superfice platte ronde, duquel le segment est secteur, & section:
Le segment du cercle c'est ce qui est comprins exterieurement en la circonference, interieurement en vne ligne droite: Secteur est vne piece du cercle comprinse dedans en vne droite ligne double faisant vn angle au centre, qui s'appelle angle au centre, comme la circonference se nomme la base du secteur: Section est aussi vne piece du cercle, qui est comprinse dedans en vne droite ligne, appellée la base de section: & est demy cercle, ou inegal au demicercle:
Demi cercle c'est la moitié de la section du cercle: l'inegal au demicercle n'est pas moitié de ladicte section:
Superfice bossue est celle, qui s'estend inegalement dans ses termes: Elle est circulaire, ou diuerse:
La superfice circulaire ou spherique est vne superfice bossue, qui est equidistante du centre de l'espace contenue:
Superfice diuerse est bossue aussi, la basse de laquelle c'est la circonference, le costé vne droite ligne depuis le terme du sommet iusques au terme de la basse: Elle est appellée conique, ou cylindrique:
Superfice conique ou poinctue c'est celle, qui monte en poincte également depuis la circonference subiecte vers le sommet:
Superfice Cylindrique ou longue & ronde se dresse, & monte en poincte également depuis la circonference subiecte vers la haute circonference égale, & equidistante:
Mais c'est assez traicté de la superfice, & de toutes ses parties & especes:
Corps Geometrique, autrement grosseur, ou espesseur, c'est vn lineament large & haut, duquel le terme c'est superfice, l'aissieu est le diametre, au tour duquel il est tourné: Il est plat ou bossu.
Le corps plat est comprins & contenu en superfices plattes: & est pyramide ou pyramidale:
Pyramide est vn corps plat esleué en haut également depuis la basse de ligne droite, & n'a qu'vne seule espece ordonnée, qui est tetracedon, c'est à dire pyramide ordonnée comprinse en quatre triangles:
Pyramidale est aussi vn corps plat contenu en pyramides: & est prisme, ou polycedre meslé:
Prisme est vn corps pyramidale, duquel les deux opposez plats sont egaux, semblables, equidistants, le residu parallelogramme: Et a deux especes, pentacedre, ou composé des pentacedres:
Prisme composé des pentacedres est hexacedron, ou polycedre: L'hexacedron est parallelepipede, ou trapeze:
Parallelepipede est vn hexacedron, duquel les opposez plats sont parallelogrammes: & est rectangle, ou obliquangle: le rectangle parallelepipede est comme le cube, qui est vn rectangle isocedron, ou longuet:
Obliquangle est comme rhombe, rhomboide.
Polycedre meslé ordonné est vn pyramidale composé de pyramides s'assemblants en haut au centre & s'esleuans de la seule basse, & est de basse triangulaire comme octocedron, qui est comprins en huict angles, icocedron contenu en vingts triangles: ou de basse quinquangulaire, qui est comprins en 12. quinquangles, & s'appelle dodecacedron:
Mais le corps Geometrique bossu c'est ce, qui est comprins en superfice bossue, & s'appelle sphere, ou diuers Sphere ou globe & boule c'est vn rond, qui est bossu:
Le corps diuers est comprins en superfice & basse diuerse: & est cone, ou Cylindre:
Cone ou pyramide ronde est compris en superfice conique, & en basse:
Cylindre est comprins en superfice longue & ronde, & en basses opposées:
Iusques icy ont estez declarées les definitions, & proprietez de magnitude ou grandeur, & de toutes ses parties, & especes: Reste la mesure: A la Geometrie donc appartient de mesurer la grandeur:
Mais il y a 2. sortes & manieres de mesure, l'vne est naturele, qui est commune, & cognue presques de chacun, par laquelle nous appliquons la mesure à la chose mesurée: Ainsi nous cognoissons & sçauons que quelque multitude est de 6. pieds, ou de 6. aulnes, quand nous experimentons, que le pied, ou aulne se trouue autant de fois en luy:
Suiuant cela Euclide fait demonstration de la quatriesme proposition du 1. liu. quant il applique le triangle auec vn autre triangle:
Outre plus à ceste mesure naturelle se referent les communes sentences, & demandes:
Or communes sentences sont propositions claires & manifestes d'elles mesmes, & pourtant appellées par Ciceron, iugements naturels: Neantmoins combien qu'Euclide ne mette que 3. demandes, tous les theoremes & propositions toutesfois, qui ordonnent & enseignent de faire, & comparer enuers la mesure tout ce qui est tresfacile à faire, se doiuent rapporter entre les demandes, suiuant ce qu'on peut entendre par la definition de la demande: C'est ce qui aduient, & tombe ordinairement sous la mesure naturelle: Mais pour autant que ce seroit vne chose fort longue, & tres-difficile de mesurer les places & costez des grandes figures par ceste voye naturele, on a trouué vne autre voye plus briéue & courte pour mesurer ladite magnitude ou grandeur, & toutes ses parties & especes par le benefice de l'Art, laquelle est expliquée, & contenue en autre lieu plus amplement, ou finalement à cause de brieueté faut auoir recours, & pource nous y renuoyons le studieux & amateur de c'est Art de Geometrie.

M

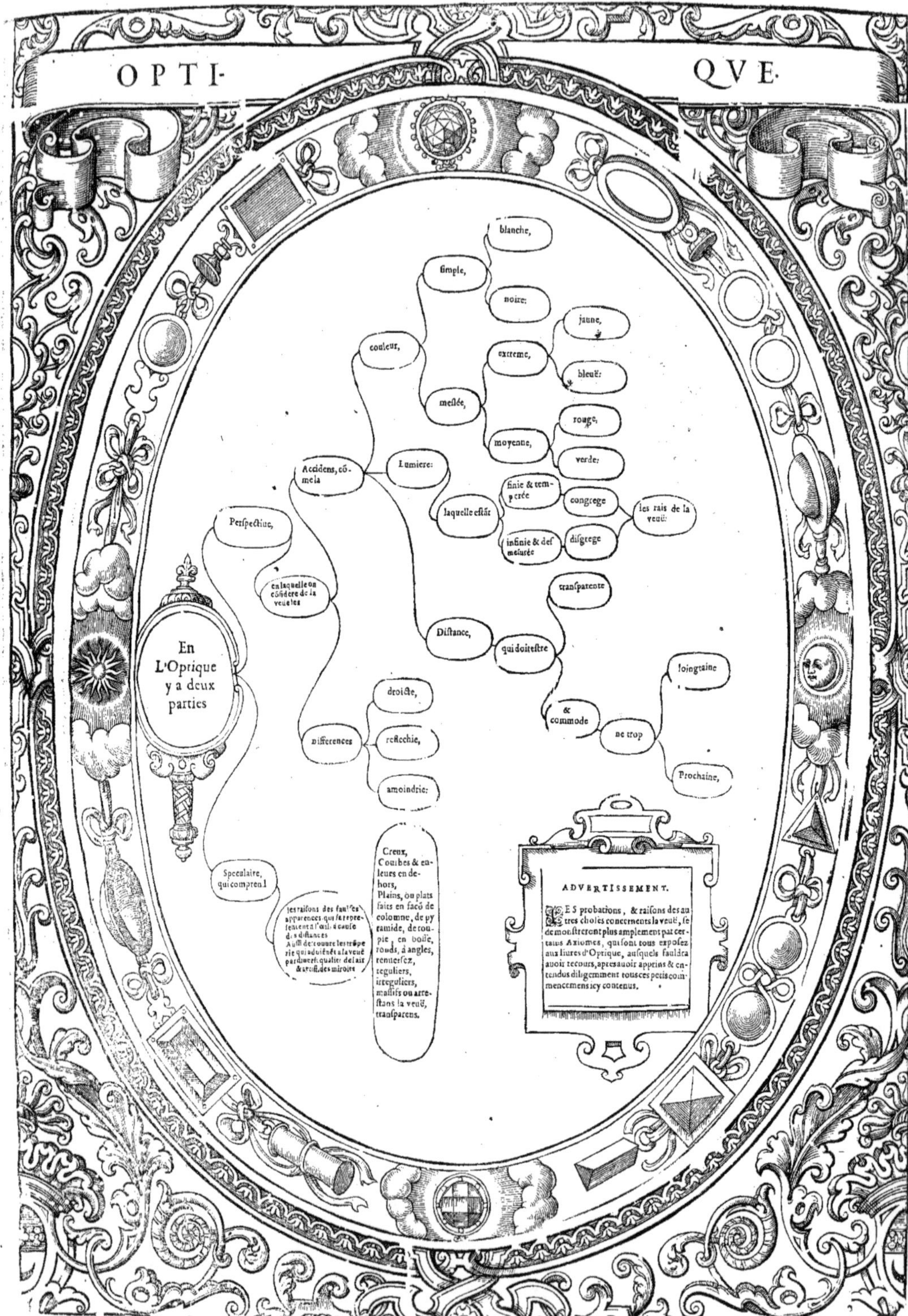
OPTI- QVE.
En L'Optique y a deux parties
Perſpectiue,
en laquelle on cõſidere de la veuë les
Accidens, cõme la
couleur,
ſimple,
blanche,
noire:
meſlée,
extreme,
jaune,
bleuë:
moyenne,
rouge,
verde:
Lumiere:
laquelle eſtãt
finie & temperée
infinie & deſmeſurée
congrege
diſgrege
les rais de la veuë:
Diſtance,
qui doit eſtre
tranſparente
& commode
ne trop
loingtaine
Prochaine,
Differences
droicte,
reflechie,
amoindrie:
Speculaire, qui comprend
les raiſons des fauſſes apparences qui ſe repreſentent à l'œil, à cauſe des diſtances
Auſſi deſcouure les trõperie qui aduiẽnẽt à la veuë par diuerſe qualité de l'air & artifi. des miroirs
Creux,
Courbes & enleues en dehors,
Plains, ou plats faits en facõ de colomne, de pyramide, de toupie, en boiſſe, ronds, à angles, renuerſez, reguliers, irreguliers, maſſifs ou arreſtans la veuë, tranſparens.
ADVERTISSEMENT.
LES probations, & raiſons des autres choſes concernents la veuë, ſe demonſtreront plus amplement par certains Axiomes, qui ſont tous expoſez aux liures d'Optique, auſquels faudra auoir recours, apres auoir apprins & entendus diligemment tous ces petis commencemens icy contenus.

N

PARTITIONS DE L'OPTIQVE.

OPtique est l'Art de bien iuger à la veuë : laquelle a 2. parties, à sçauoir perspectiue, & speculaire:

La perspectiue est la premiere & principale partie de l'Optique, qui enseigne la nature & proiection des rais de la veuë, couleurs, lumieres, formes, aussi qui monstre à iuger prudemment de la situation, grandeur, interualle & distance de toutes choses visibles:

Or la veuë est vn sens, par lequel les couleurs sont representées & congnuës par interualle transparent, & commode:

Mais la couleur est vn accident de la superfice, qui est le propre subiect de la veuë: Et se diuise en simple, & composée:

Mais la couleur est vn accident de la superfice, qui est le propre subiect de la veuë: Et se diuise en simple, & composée:

La couleur simple ou premiere c'est le propre subiect de la veuë, qui n'a qu'vn seul temperament, comme est le blanc, & le noir, La definition desquelles deux couleurs se faict par la difference:

Le blanc est vne couleur, qui approche de pres à la lumiere: le noir qui approche aux tenebres:

De ces deux couleurs toutes les autres en sont composées:

La couleur composée ou meslée est appellée le propre subiect de la veuë, qui a diuers temperaments: Et se deuise en extreme, & moyenne:

La couleur extreme c'est celle, qui approche de pres aux simples, laquelle de rechef est subdiuisée en jaune, & bleue:

Iaune c'est celle couleur, qui approche de pres au blanc, & à la lumiere: mais bleu c'est la couleur approchante de pres au noir, & aux tenebres:

Car la couleur, qu'on appelle bleu turquin, c'est seulement bleu laué, comme fauue aussi c'est jaune laué, tanné, noir laué:

Le jaune donc est vne couleur composée des simples, à laquelle y a toutesfois plus de lumiere: & aussi le bleu, à laquelle y a plus de tenebres:

Car la couleur jaune qu'on appelle dorée, est celle qui approche à la lumiere:

Les couleurs moyennes entre les extremes sont le rouge, & le verd:

Couleur moyenne c'est celle, qui estant le propre subiect de la veuë est faicte des composées:

Le rouge donc est vne couleur moyenne faicte des composées, à laquelle toutesfois y a plus de lumiere: c'est ceste couleur proprement qu'on veoit aux braizes de feu: car les corps terrestres semblent à veoir estre rouges, si quelquefois ils reçoiuent la lumiere: Mais ceux d'eaue semblent à veoir qu'ils sont purpurez:

Car la couleur de pourpre c'est celle proprement, qu'on veoit és eaues: ce n'est pas couleur violette, combien qu'elle semble y approcher, mais elle est composée de la lumiere, qui est meslée auec quelque masse bleu: pour ce que la trop grande clarté faict que le bleu semble à veoir qu'il soit rouge:

Le verd est aussi vne des moyennes couleurs, faicte de jaune & de bleu, à laquelle toutesfois y a plus de bleu: Mais c'est assez dict des couleurs:

La lumiere est vne splendeur, qui fuyt les tenebres: Or la vraye & propre lumiere c'est celle du soleil, à cause qu'on dict qu'il est la fontaine de lumiere: Les autres lumieres viennent, & sont empruntées de celle du soleil: Les philosophes disent que les luminaires celestes ont emprunté leur clarté du soleil:

Puis donc que ceste lumiere là n'est point infinie, où il n'y en a point, & quant elle defaut, alors là sont tenebres, qui ne sont autre chose que priuation de lumiere:

Il est temps que nous parlions de l'interualle que nous auons dit, qu'il doit estre commode, & transparent:

L'interualle est vne distance depuis l'œil, & la chose, qui se veoit: Nul ne peut bien veoir, sinon par distance commode, & transparente: Quand nous disons commode, c'est à dire qu'elle ne doit estre ne trop longue, ne trop courte: Mais elle requiert vne clarté temperee & transparente pour ietter les rais de la veuë: Car si elle est plus grande, qu'il ne faut, nous ne pourrons rien veoir: Par ce que la veuë n'est point infinie. Il est donc grand besoin que nous ayons vne clarté temperée, & finie pour bien veoir: D'autant qu'vne trop grande clarté ou lumiere disgrege, ou esbloüit, & couure les rais de la veuë: Faut aussi qu'elle soit transparente, à cause que la veuë se faict par les rayons visuals, qui sont certaines lignes droictes & grosses, portees depuis l'œil iusques à la chose visible, par la vertu & efficace desquels nous pouuons veoir & regarder: Il y a 12. axiomes au liure de l'Optique d'Euclide, desquels on collige que la veuë se faict par lignes droictes faisans vn angle en l'œil, lesquels axiomes nous omettons à cause de brieueté:

Mais il y a 3. parties ou considerations en la veuë, à sçauoir quand les rays d'icelle sont jettez directement, quand ils sont reflefchis, ou quand ils sont brisez:

Celle qui est directe appartient proprement à ceste premiere partie d'Optique, les 2. autres reflefchie, ou amoindrie à la Catoptrique ou speculaire, qui est la deuxiesme partie, laquelle comprend les raisons des grandeurs, appetissemens, ou des fauses apparences, qui se representent à l'œil à cause des distances, aussi demonstre, & descouure toutes les impostures & tromperies, effects, & accidens, qui aduiennent pour ce regard au corps, à la veuë, & au moyen, ou air, qui est entre-deux, lesquels changemens peuuent apparoistre en la chose, & en la veüe par diuerse qualité de c'est air ou moyen, & par l'artifice des miroirs, desquels les experiences se manifestent selon la diuersité de leurs formes & façons: car il y en a de creux ou concaues, d'autres enleuez & courbes en dehors, de plains faits en façon de colomne, de pyramide, de toupie, à sçauoir aigus par le bas, en bosse, ronds, à angles renuersez, reguliers, irreguliers, massifs, ou arrestans la veuë, transparens, à trauers: lesquels la veüe passe:

Mais pour euiter prolixité, c'est assez touché maintenant de tout cela: les raisons & probations des choses concernants la veuë, & de tout ce qui en despend, sont demonstrees plus amplement par certains axiomes, qui sont traittez & declarez par les doctes Mathematiciens comme Euclide, Vitellion, & plusieurs autres: Desquels axiomes on peut recueillir par quelles manieres se fait la veuë, & comme on en doit iuger:

Or Axiomes sont graues sentences, ausquelles n'est permis de contredire, si nous ne voulons disputer contre la verité: Car les Mathematiciẽs cherchent les choses, qui sont vrayes, & s'appuyent sur celles, qui sont inuentees: Ils cherchent, & s'enquierent des sentences veritables, certaines, & indubitables: Parquoy toute la dispute de cest Art d'Optique sera pour demonstrer, que telles sentences ne sont point douteuses, ausquelles donc (apres auoir entendu, & apprins diligemment ces petis commencements) faut auoir recours: Pourtant à cause de briefueté nous renuoyons là le Lecteur & estudiant en cest Art.

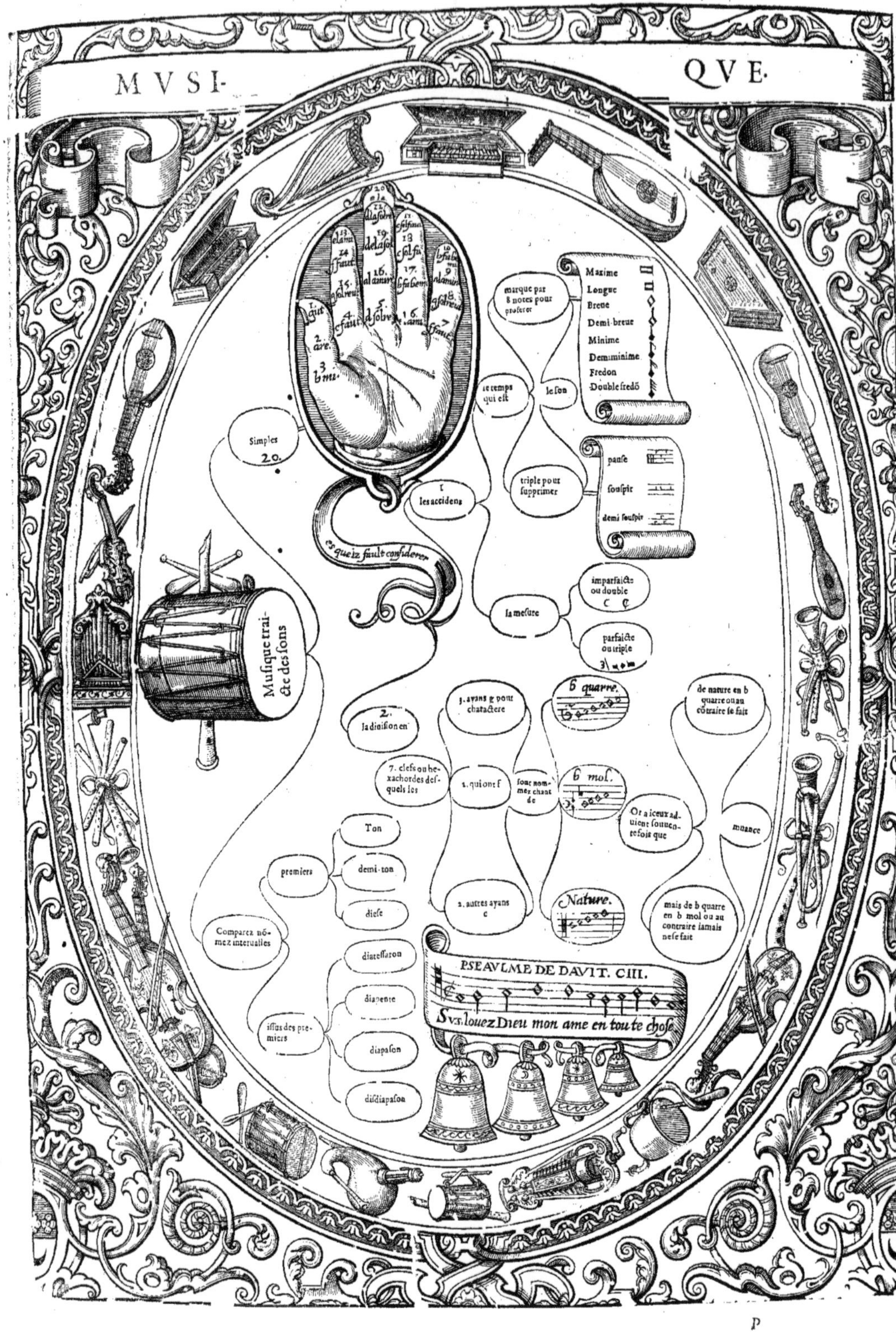

MVSI-
QVE.
Maxime
Longue
Breue
Demi-breue
Minime
Demiminime
Fredon
Double fredõ
marque par 8 notes pour proferer
le temps qui est
le son
pause
souspir
demi souspir
triple pour supprimer
1 les accidens
imparfaicte ou double
la mesure
parfaicte ou triple
Simples 20.
es que iz fault considerer
Musique traicte des sons
2. la diuision en
3. ayans g pour charactere
b quarre.
de nature en b quarre ou au contraire se fait
7. clefs ou hexachordes desquels les
1. qui ont f
sont nommez chant de
b mol.
Or a iceux aduient souuentefois que
muance
Ton
demi-ton
diese
premiers
2. autres ayans c
Nature.
mais de b quarre en b mol ou au contraire iamais ne se fait
Comparez nõmez interualles
diatessaron
diapente
diapason
disdiapason
issus des premiers
PSEAVLME DE DAVIT. CIII.
Sus, louez Dieu mon ame en toute chose

P

PARTITIONS DE LA MVSIQVE.

Mvsique c'est l'Art de bien chanter, laquelle traicte des sons:

Or le son c'est tout ce qui se peut comprendre par l'ouye: Dont y en a deux sortes, à sçauoir simple ou comparé:

Le son simple est celuy, qui par soy est consideré:

Il y a vingt sons nommez simples, qui sont mentionnez par les Musiciens, depuis g vt iusques a e la, & tous contenus en la game, qu'on appelle communément l'eschiele, ou la main, inuentée autresfois par vn nommé Guido Aretin Italien de nation, & moine jadis de Cluny, pour apprendre facilement à bien chanter, desquels sons simples s'ensuit l'enumeration, comme

1. g ut, 2. a re 3. b mi, 4 c fa ut, 5. d sol re, 6. e la mi, 7. f fa ut,

8. g sol re vt, 9. a la mi re, 10. b fa b mi, 11. c sol fa vt, 12. d la sol re, 13. e la mi, 14. f fa vt,

15. g sol re vt, 16. a la mi re, 17. b fa b mi, 18 c sol fa, 19. d la sol, 20. e la:

Aux dicts sons simples faut considerer premierement les accidens, & puis apres la diuision:

Les Accidens sont le temps, & la mesure musicale:

Le temps en Musique est vne quantité pour proferer, ou supprimer le son:

Le temps musical pour proferer le son est marqué auiourd'huy par huict notes, sçauoir maxime, longue, breue, demi-breue, minime, demi-minime, fredon, doublefredon:

Mais le temps pour supprimer ledict son est triple, sçauoir, pause, souspir, demisoupir:

La mesure musicale c'est par laquelle le temps desdicts sons simples est mesuré:

Il y a deux sortes de mesure en Musique, l'vne est spondaique, auiourd'huy appellee des Musiciens, imparfaicte & double, l'autre trochaique, qu'on dict parfaicte & triple:

Secondement ceśdicts sons simples sont diuisez en sept hexachordes, qu'on appelle vulgairement clefs:

Or hexachorde est vne deduction, & conduicte de six voix, comme vt, re, mi, fa, sol, la:

Desquels hexachordes ou clefs les trois premiers, qui ont g pour leur charactere, sont rudes & aspres, & se nomment chant de b quarre:

Les deux autres ayans f pour leu charactere, sont doulx & molles, & sont nommez chant de b mol:

Mais les deux, qui restent, ayans c pour leur charactere, sont moyens & entre-deux, & se nomment chant de nature:

Au surplus souuentesfois il aduient à ces hexachordes ou clefs, que muance se faict du chant de nature au chant de b quarre, ou au contraire: mais du chant de b quarre en b mol, ou au contraire iamais muance ne se faict.

Le son comparé est celuy, qui se compare, & refere auec vn autre:

Ceste collation & comparaison des sons est appellée en Musique interualle, c'est à dire accord musical tant en voix, que sur instruments, desquels les vns sont premiers, les autres issus des premiers:

Il y en a trois qui sont premiers, à sçauoir ton, demiton, & diese: Et quatre issus des premiers, comme diatessaron, diapente, diapason, & disdiapason:

Le ton est interualle de Musique composé de deux demitons, & prouenant de raison sesquioctaue:

Il est appellé seconde parfaicte des Musiciens, comme pour exemple:

S'il y en a deux, l'vn desquels chante vt, l'autre re, ceste comparaison de ces sons est nommée ton:

Demiton c'est la moitié du ton, ou de sesquioctaue:

Le ton ne peut estre diuisé par nombres en deux parties egales, mais seulement inegales:

Parquoy quand vous aurez diuisé le ton en deux parties, vous aurez deux demitons, l'vn desquels celuy qui est plus aigu, s'appelle demiton majeur, & ne tombe iamais en vsage, l'autre, qui est plus graue, est appellé demiton mineur, lequel est seul en vsage, & est appellé des Musiciens seconde imparfaicte, qui se faict depuis mi iusques a fa:

Diese ou persusion, c'est la moitié du demiton, appellé de Boëce, demiton mineur, qui est le plus petit des interualles, c'est à dire la quarte du ton, ou de sesquioctaue:

Diatessaron s'appelle auiourd'huy quarte molle & imparfaicte, qui tombe souuent en vsage, comme de vt à fa: Il contient deux tons, & demiton mineur:

Diapente se nomme auiourd'huy vne quinte, qui est vn interualle fort frequent & doulx, & contient trois tons, & vn demiton mineur:

Diapason est vn interualle tres parfaict, & grandement vsité, à sçauoir qui va par huict sons, auiourd'huy est appellé vne octaue, & contient cinq tons, & deux demitons mineurs:

Bisdiapason est auiourd'huy appellé vne quinzaine, ou double octaue: & ainsi deux octaues font vn corps entier de consonances, c'est à dire le plus grand systeme ou interualle en Musique, lequel est ainsi vulgairement appellé comme vn peu deuant cy-dessus, c'est à dire deux fois par touts les sons & chordes essentieles a b c d e f g.

Ce qui reste touchant cest art de Musique se pourra enseigner & apprendre beaucoup plus facilement par vsage & exercice, que par aucuns autres preceptes & enseignements.

Q

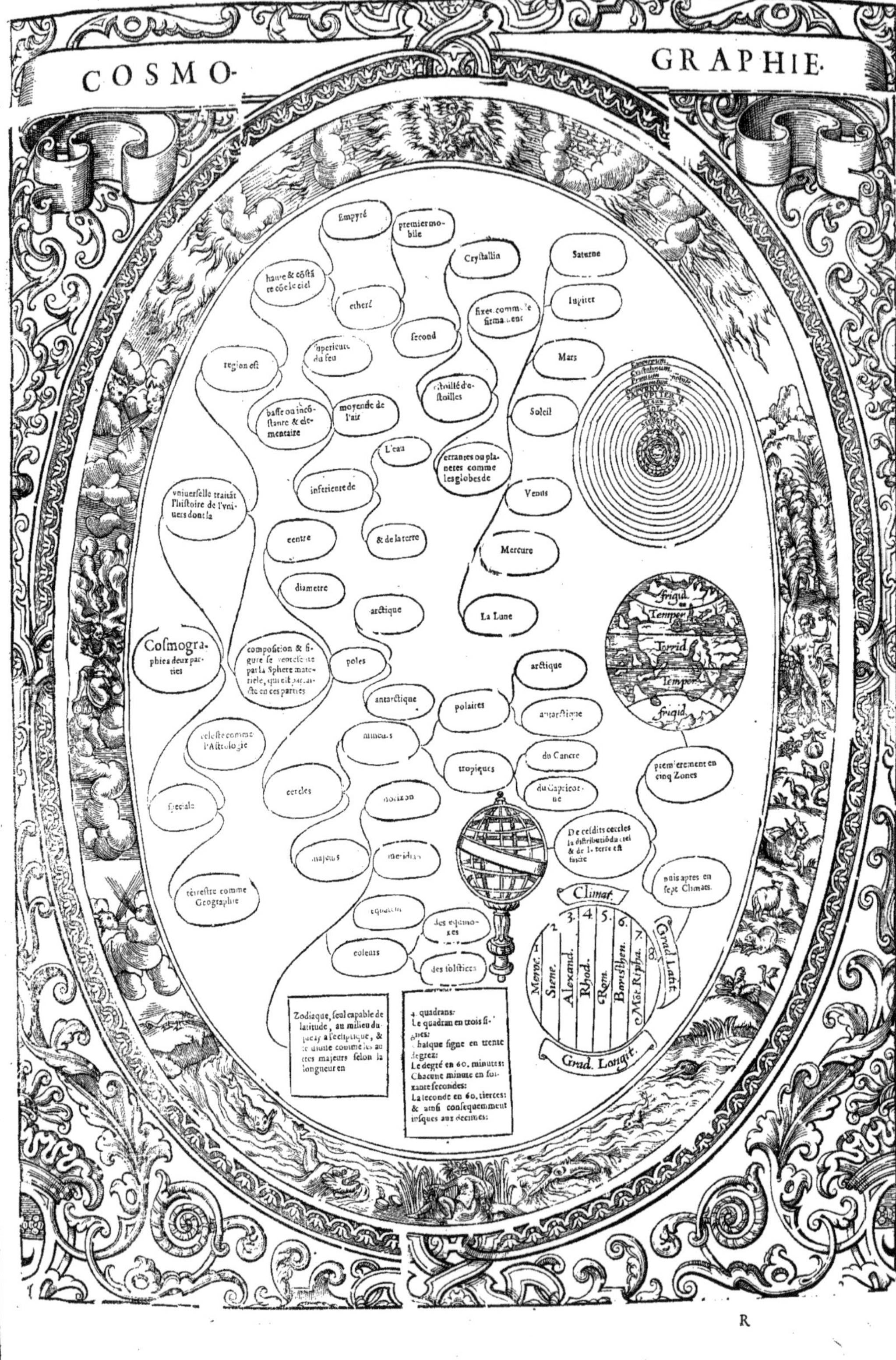

COSMO-
GRAPHIE.
Empyré
premier mobile
haute & cõstā te cõe le ciel
etheré
second
Cryſtallin
Saturne
Iupiter
fixes comme le firmament
Mars
region eſt
ſuperieure du feu
moyenne de l'air
baſſe ou incõſtante & elementaire
eſtoillé d'eſtoilles
Soleil
L'eau
inferieure de
errantes ou planetes comme les globes de
Venus
vniuerſelle traitāt l'hiſtoire de l'vniuers dont la
centre
& de la terre
Mercure
diametre
arctique
La Lune
Coſmographie a deux parties
compoſition & figure ſe repreſente par la Sphere materiele, qui eſt partie en ces parties
poles
arctique
antarctique
polaires
antarctique
celeſte comme l'Aſtrologie
mineurs
du Cancre
tropiques
du Capricorne
premierement en cinq Zones
cercles
horizon
ſpeciale
De ceſdits cercles la diſtribution du ciel & de la terre eſt faicte
majeurs
meridian
puis apres en ſept Climats.
terreſtre comme Geographie
equateur
des equinoxes
colures
des ſolſtices
Zodiaque, ſeul capable de latitude, au milieu duquel eſt l'ecliptique, & ſe diuiſe comme les autres majeurs ſelon la longueur en
4. quadrans:
Le quadran en trois ſignes:
Chaſque ſigne en trente degrez:
Le degré en 60. minutes:
Chacune minute en ſoixante ſecondes:
La ſeconde en 60. tierces:
& ainſi conſequemment iuſques aux decimes:
Frigid.
Temper.
Torrid.
Temper.
Frigid.
Climat.
1. 2. 3. 4. 5. 6. 7.
Meroe.
Siene.
Alexand.
Rhod.
Rom.
Boriſthen.
Mõt. Ripha.
Grad. Latit.
Grad. Longit.

R

PARTITIONS DE LA COSMOGRAPHIE.

Cosmographie est l'Art de bien descrire tout le monde, Elle a 2. parties, l'vne generale, l'autre speciale:

La premiere partie enseigne l'histoire vniuerselle du Monde, qui est vn grand corps Spherique composé du ciel, & des Elements, c'est à dire le theatre de l'vniuers: lequel est diuisé en 2. parties ou regions, sçauoir superieure & constante, comme le ciel, ou inferieure inconstante & elementaire:

Le Ciel est la plus haute partie & region du Monde transparente, exquise, & non subiecte à changement, & pour sa perfection, & perpetuel mouuement, & aussi pour l'ornement des luminaires, que Dieu y a posé, peut estre dict, de matiere diuine, & est mobile à l'entour de la region elementaire:

Le Ciel donc, qui contient plusieurs globes, l'vn enuironnant l'autre, se partage en 2. sçauoir au ciel, qu'on dict Empyree, & Etherée:

Le ciel Empyree (qui est appellé le ciel des cieux, & le troisiesme ciel) embrasse tous les autres, il est ainsi nommé à cause de sa grande clarté, & merueilleuse splendeur, & par ce qu'il excelle en pureté tous les autres cieux, on estime qu'il est la demeurance & habitation de Dieu, & des bons Esprits: Car il est allegué en l'escriture saincte: Le Ciel est mon siege, &c.

Mais le Ciel Etherée est le lieu, où sont contenuës les estoilles & luminaires celestes, qui est estendu, comme vn pauillon, ou vessie: Iceluy est double, l'vn se nomme le premier mobile, le second cristallin, ou estoillé d'estoilles fixes, comme le firmament, ou des planetes, desquelles y a 7. globes ou Spheres:

Le premier mobile est le dernier globe celeste de l'vniuers concentrique, qui a vn simple, & seul mouuement iournel de 24. heures d'Orient en Occident entre les 2. poles du Monde: trainant quant & soy tous les autres cieux, globes, & corps celestes inferieurs:

Le Ciel cristallin est vn autre globe celeste, qui est porté sur la ligne ecliptique, & les poles du Zodiaque par son propre mouuement d'Occident en Orient outre l'autre mouuement diurnal du premier mobile:

Le firmament est encore vn autre globe celeste orné & bigarré d'infinie multitude d'estoilles fixes, lequel pour estre veu par fois tardif, par fois hastif, par fois auancé, par fois reculé quelquefois allant vers le Nord, ou vers le Midy, retient à soy vn propre mouuement, nommé tremblant ou trepignant, qui est si tardif, qu'il ne sçauroit faire plus de 3. minutes, 5. secondes en vn an, & toute sa reuolution en 700. ans:

Soubs ce firmament ou ciel des estoilles fixes sont certains autres globes, dont chacun porte seulement vne de ces estoilles, appellees planetes, comme Saturne, qui est le plus proche du firmament, faisant son cours en 30. ans, Iupiter en 12. Mars en 3. le Soleil, Venus, & Mercure en vn an, la Lune en vn mois.

La region & partie inferieure ou inconstante du Monde est appellée Elementaire, pour ce qu'en icelle sont contenus les 4. Elements: dont y a derechef 3. sortes de regions, sçauoir la plus haute où est le feu elementaire, la moyenne l'air, la plus basse l'eau, & la terre:

Au surplus la figure de tout l'vniuers est exprimee & representee par la sphere materiele, qui est vn instrument de Mathematique, rond, & solide, faict & construict de cercles accommodez & distinguez en telle sorte, qu'il represente aux yeux l'assiette, & mouuemens des cercles ou orbes imaginez estre au premier mobile, & en la sphere naturele:

Or il y a 2. sortes de Sphere, droite, & oblique: la droite est celle, en laquelle on veoit sus l'Horison les 2. poles, & l'equateur se manifeste & demonstre sur la teste: Mais l'oblique est celle, en laquelle l'vn des poles est esleué sur l'Horison, l'autre abaissé dessous:

La Sphere donc artificiele ou materiele representant la forme & semblance imaginaire du monde, & des mouuements celestes est composee & parfaicte en ces parties cy comme au centre, aissieu, poles, & cercles:

Le centre est vn poinct au milieu de la Sphere, suppleant au lieu de la terre, lequel retient en sa dimension le nõbre des degrez, & les affectiõs des Zones nõ moins qu'icelle circonferẽce:

L'aissieu ou diametre est vne ligne droite, qui passant par le centre, & touchãt les deux bords de la circonferẽce, diuise la sphere en 2. parties egales, autour de laquelle se tourne la sphere

Les poles sont les piuots ou gonts aux deux bouts de l'aissieu, ou 2. poincts, qui terminent ledit aissieu: Car toute ligne est finie & terminée par 2. poincts:

En la Sphere y a 2. poles, l'arctique, & antarctique, qui sont appellez les gons immobiles de l'vniuers, autour desquels le ciel est tourné:

Le pole arctique est celuy, que nous, qui demeurons en l'Europe, & en la plus grande partie d'Asie, voyons ordinairement: Mais l'antarctique est celuy, qui est opposé à l'arctique, lequel nous ne voyons iamais, mais les Antipodes:

Touchant les cercles de la Sphere, il y en a 10. sçauoir 4 petits, & 6. grands

Les petits cercles de la Sphere sont ceux, qui ont le centre contraire à celuy de la Sphere, pour ceste cause ils ne distribuent point ladite Sphere en 2. parties egales, comme sont les 2. cercles polaires, arctique, & antarctique, & autant de tropiques sçauoir celuy du Cancre, & celuy du Capricorne:

Le cercle arctique est vn des petits cercles de la Sphere, que descrit le pole du Zodiaque, quand il faict son tour aux enuirons du pole arctique: L'antarctique est celuy, que descrit l'autre pole meridional du Zodiaque à l'entour du pole antarctique de l'vniuers:

Mais le tropique du Cancre est vn autre des petits cercles, que faict le Soleil, quand il passe par le premier poinct du Cancre: On dict alors qu'il est Solstice d'Esté, par ce que le Soleil ne passe iamais plus outre: Le cercle du tropique de Capricorne est encore vn des petits cercles, que fait le Soleil, quand il passe par le commencement du Capricorne: on dit qu'il est le Solstice d'Hyuer alors:

Les grands cercles qui sont aussi en la Sphere, sont ceux, qui diuisent toute la Sphere en 2. portions egales, comme l'Horizon, l'equateur, le meridian, les 2. colures des equinoxes, & solstices, & le Zodiaque:

L'Horizon est vn des grands cercles, qui diuise la sphere en 2. hemispheres, c'est à sçauoir ceste partie, qui est par dessus nous, & que nous voyons, de celle qui est dessous nous, & que nous ne voyons point:

L'Equateur ou equinoctial est vn autre grand cercle distant de tous les deux poles egalement, qui est ainsi nommé pour ce que quand le Soleil passe par iceluy, il fait le iour totalement egal à la nuict, & au contraire la nuict au iour:

Le meridian ou meridional est aussi vn grand cercle, qui passe par le poinct vertical, & les poles de l'vniuers, auquel quand le Soleil passe de iour sur l'Horizon, il est midy: mais de nuict estant dessous l'Horizon, il faict la my-nuict: Il sert grandement pour distinguer les degrez de longitude: Pour cest effect l'on en bastit de semblables tant qu'on veut, tous s'entre-croisans à l'endroit des poles:

Les colures en la sphere sont encore 2. autres grands cercles, lesquels passans par les poles du Monde, diuisent la sphere, & eux-mesmes en 2. parties egales, l'vn desquels quand est il mené par les poincts de l'equateur, s'appelle le colure des equinoxes, l'autre par les poincts solstitials, le colure des solstices, lequel se nomme aussi le cercle des declinaisons, monstrant combien le Soleil se retire arriere de l'equateur:

Le Zodiaque est aussi vn grand cercle seul capable de largeur enuiron 16. degrez, lequel à l'endroit de 2. poincts diuise l'equateur en 2. moitiez, l'vne desquelles tend vers le costé de Septentrion, l'autre vers le Midy, au milieu d'iceluy y a vne ligne appellee Ecliptique, en laquelle passe ordinairement le Soleil, par ce que quand le Soleil, & la Lune sont conioincts, ou opposez, leurs eclipses aduiennent dessous ceste ligne: Les autres planetes passent soubs ladite latitude, excepté le Soleil, qui n'outrepasse iamais ladite ecliptique:

Or tous lesdits cercles de la Sphere se diuisent en 2. parties egales, chacun contenant 360. degrez ainsi nommez à cause du mouuement du Soleil au Zodiaque, faisant presques toutes telles espaces par le mouuement diurnel:

Derechef chacun degré se diuise en 60. autres parcelles, qui se nomment scrupules premiers, ou minutes: & d'auantage chacune d'icelles en 60. secondes: chasque seconde en 60. tierces, chacune tierce en autant de quartes, & ainsi consequemment iusques aux decimes: Pourtant vne minute est la 60. partie du total: Vne seconde la 60. partie de la minute: Vne tierce la 60. partie d'vne seconde, & ainsi consecutiuement selon la multitude croissante d'vne vnité: Les 500. stades en la terre equiualent chasque degré d'vn grand cercle en la Sphere: Ainsi le Zodiaque est diuisé selon la longitude en 4. egales parties, que nous disons quadrans, comme tous les autres grands cercles de la Sphere: le quadran derechef en 3. signes: le signe en 30. degrez: le degré en 60. minutes: la minute comme deuant, & ainsi iusques aux decimes: Dont on recueille, que les entiers sont ceux, qui precedent les minutes: mais ceux qui suiuent, sont les parties de l'entier:

Tous les cercles donc de la Sphere ont estéz inuentez pour partager le ciel en certaines espaces & regions, qu'on appelle Zones, & climats: Et comme on les imagine aux regions du ciel semblablement se descriuent en la superfice de la terre:

De là se faict, que les 4. petits cercles distinguent 5. espaces és superfices du ciel, & de la terre, qui sont nommees Zones, à cause de la similitude, à sçauoir les 2. dernieres encloses & comprinses dans les petis cercles des 2. poles, que les Anciens asseuroyent estre inhabitables pour cause de l'extreme froidure, laquelle y est continuellement, celle du milieu inhabitable aussi pour la grande ardeur & chaleur du Soleil: car elle est enclose entre les 2. tropiques: Mais quant aux 2. autres Zones contenues entre les cercles des 2. poles, & des 2. tropiques, il appert clairement qu'elles sont temperees & habitables:

Les paralleles qui distinguent les climats, sont cercles tirez autour de toute le globe entre les 2. poles, comme l'equateur, & les tropiques distans entr'eux de l'equateur par vne certaine espace egale, qui est appellee Climat: Parquoy ils seruent à distinguer les climats, qui monstrent la longueur des iours en chasque region & pays: Ils sont aussi vtiles pour distinguer les degrez de latitude:

Le Climat donc est vne espace, qui est comprinse entre 2. Paralleles, auquel y a varieté de iour en demie heure droictement depuis le commencement d'iceluy, iusques à la fin de luy-mesme: Où faut noter tant plus que le climat sera loing de l'equateur, le plus long iour du lieu surmontera d'autant de demi-heure le iour egal à la nuict

Or en chacun Hemisphere y a 7. Climats: lesquels prennent leurs noms de quelque ville, riuiere, pays, isle, ou montagne remarquable:

Le 1. donc est depuis l'equateur iusques au pole arctique passant par Meroë ville d'Aphrique, ou la longueur du plus grand iour solstitial est de 13. heures:

En ce Climat le Pole est esleué sus l'Horizon de 16. degrez, & 2. tierces de l'vn: Il est sous les signes du Capricorne, & Verseaue:

Le 2. passe par Syene ville d'Ægypte, soubs le tropique du Cancre, & est soubmis soubs les signes de l'Archer & des poissons:

Le 3. par Alexandrie, & est soubmis sous les signes du Belier, & du Scorpion:

Le 4. par Rhodes, & soubmis au signe du Lion:

Le 5. par Rome, & soubmis aux signes du Taureau, & de la Balance:

Le 6. par Boristhenes fleuue de Pont, & soubmis aux signes de la Vierge, & des Gemeaux:

Le 7. par les monts & peuple des Ripheens vers Septentrion, & est soubmis au signe du Cancre:

Auec lesquels susdicts Climats le 8. est adiousté passant par l'isle anciennement nommee Thyle, & maintenant Islande:

Les Climats meridionaux ont mesme nom, sinon qu'on y adiouste que c'est à l'opposite, & nomme on le premier contre Meroë, & ainsi consequemment des autres:

Au demeurant les 4. coins ou gons du Monde sont l'Orient, Ponent, Midy, & Septentrion:

Reste l'autre partie speciale de la Cosmographie, qui est celeste, traictant des proprietez du Ciel & des estoilles, nommee Astrologie, ou terrestre touchant la description de la superfice & rondeur de l'eaue & de la terre, comme Geographie, lesquelles sont à part exposées & declarees en leurs lieux, ou nous renuoyons le Lecteur & studieux des lettres.

S

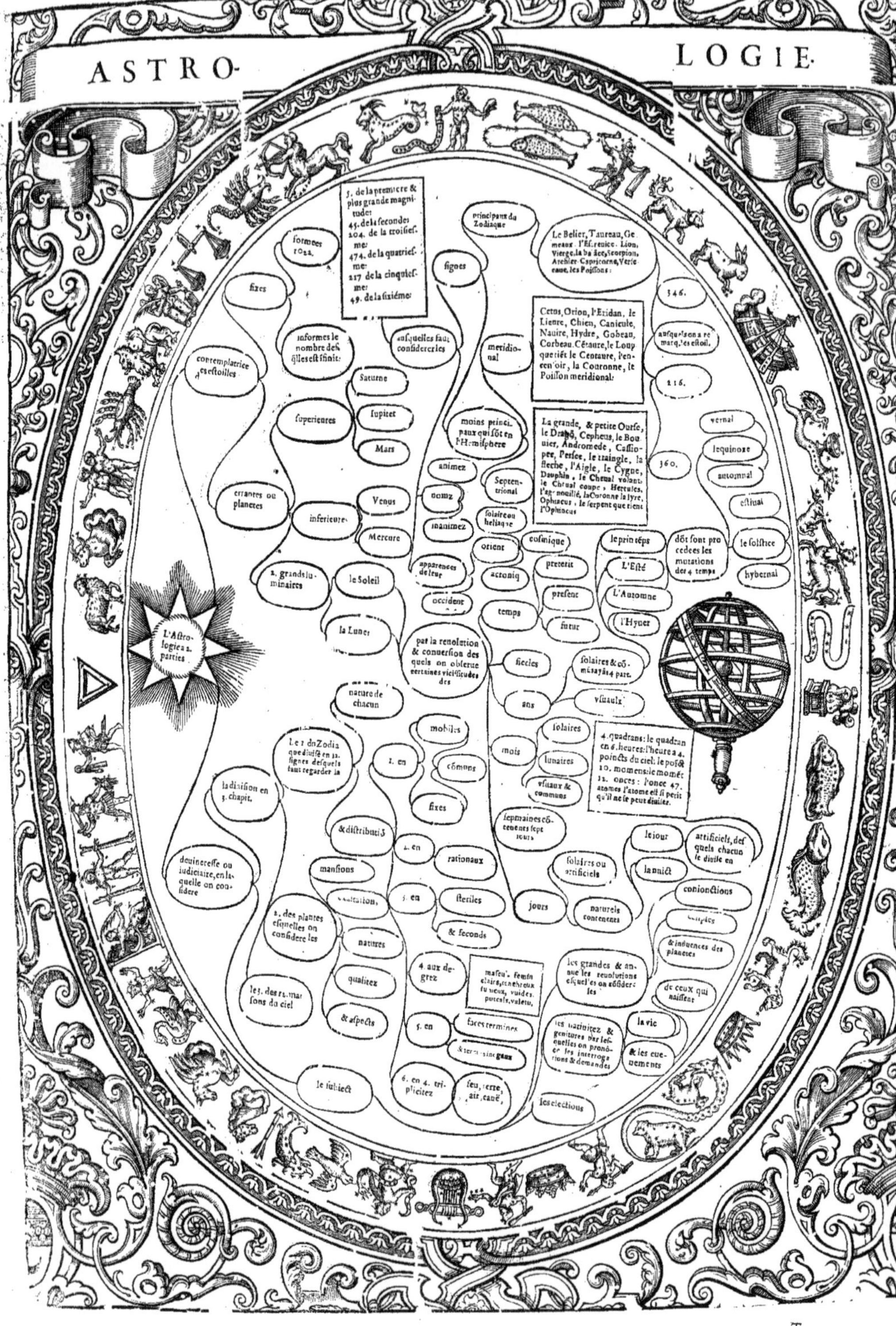
ASTRO-
LOGIE.
L'Astrologie a 2. parties
contemplatrice des estoilles
fixes
formees 1022.
5. de la premiere & plus grande magnitude:
45. de la seconde:
204. de la troisiesme:
474. de la quatriesme:
217 de la cinquiesme:
49. de la sixiéme:
informes le nombre desquelles est infinit:
ausquelles faut considerer les
signes
principaux du Zodiaque
Le Belier, Taureau, Gemeaux, l'Escreuice, Lion, Vierge, la balace, Scorpion, Archier, Capricorne, Verseaue, les Poissons:
346.
ausquels on a remarqué les estoil.
meridional
Cetus, Orion, l'Eridan, le Lievre, Chien, Canicule, Nauire, Hydre, Gobeau, Corbeau, Cétaure, le Loup que tiét le Centaure, l'encen'oir, la Couronne, le Poisson meridional:
216.
moins principaux qui sót en l'Hemisphere
Septentrional
La grande, & petite Ourse, le Dragó, Cepheus, le Bouuier, Andromede, Cassiopee, Persee, le traingle, la fleche, l'Aigle, le Cygne, Dauphin, le Cheual volant, le Cheual coupe, Hercules, l'agenouillé, la Coronne la lyre, Ophiucus, le serpent que tient l'Ophiucus
360.
erantes ou planetes
superieures
Saturne
Iupiter
Mars
inferieures
Venus
Mercure
animez
nomz
inanimez
solaire ou heliaque
cosmique
orient
acroniq
occident
apparences de leur
2. grands luminaires
le Soleil
la Lune
par la reuolution & conuersion desquels on obserue certaines vicissitudes des
temps
preterit
present
futur
le prin téps
L'Esté
L'Automne
l'Hyuer
dőt sont procedees les mutations des 4 temps
vernal
lequinoxe
automnal
estiual
le solstice
hybernal
siecles
solaires & cómũs ayãs 4 part.
ans
visuaulx
mois
solaires
lunaires
visuaux & communs
4. quadrans: le quadran en 6. heures: l'heure a 4. poincts du ciel: le poinct 10. momens: le momét 12. onces: l'once 47. atomes l'atome est si petit qu'il ne se peut diuiser.
sepmaines cőtenents sept iours
iours
solaires ou artificiels
naturels contenents
le iour
la nuict
artificiels, desquels chacun se diuise en
nature de chacun
Le 1 du Zodiaque diuisé en 12. signes desquels faut regarder la
la diuision en 3. chapit.
1. en
mobiles
cõmuns
fixes
& distributiõ
2. en
rationaux
mansions
3. en
steriles
& feconds
deuineresse ou iudiciaire, en laquelle on considere
2. des planetes esquelles on considere les
natures
qualitez
& aspects
4. aux degrez
masculs, femin clairs, tenebreux fumeux, vuides, puteals, valetu,
5. en
faces termines
les 3. des 12. maisons du ciel
le subiect
6. en 4. triplicitez
feu, terre, air, eauë,
conionctions
& influences des planetes
les grandes & annue les reuolutions esquelles on cősidere les
de ceux qui naissent
les natiuitez & genitures par lesquelles on prononce les interrogations & demandes
la vie
& les euenements
les elections

PARTITIONS DE L'ASTROLOGIE.

ASTROLOGIE est l'Art de bien predire les choses futures par les estoilles: Elle a 2. parties, l'vne contemplatrice, l'autre iudiciaire: la contemplatrice ou naturelle, est la premiere partie d'Astrologie, qui declare les proprietez des estoilles, & toutes les reuolutions & mouuemens des corps celestes: Laquelle est appellee aussi Astronomie, pource qu'elle traicte des regles des estoilles: Or les estoilles sont corps Spheriques, apparans & luisans, attachez au ciel, & composez de mesme simple & pure matiere que le ciel: Dont y en a 2. sortes, fixes, & errantes:

Les estoilles fixes ou arrestees sont ainsi nommeés, pourtant qu'elles sont resplendissantes & estincellantes, attachees au firmament, lequel par son mouuement les porte & roule, comme les clouz d'vne roüe qui vont ainsi par le mouuement de la roüe: Ausquelles faut considerer le nombre, noms, difference, & apparences de leur leuer & coucher: Quant à leur nombre, il est infiny: Car c'est DIEV seul qui nombre la multitude des estoilles, & les appelle par leurs noms: Neantmoins les Astronomes en ont remarqué & comprins en certains rangs les plus grandes, plus luisantes & apparentes iusques au nombre de 1022. ausquelles en ont encore adioustez autres 14. sçauoir 5. nebuleuses, & 9. obscures: Et les ont distingué en leurs tableaux d'Astronomie par 6. degrez de lumiere & grandeur, ou ils ont marqué 5. de la premiere & plus grande magnitude, 45. de la deuxiesme, 208. de la troisiesme, 474. de la quatriesme, 217. de la cinquiesme, 49. de la sixiesme: les noms desdites estoilles leurs ont esté imposez pour trois raisons, l'vne pour discerner les vnes d'auec les autres plus aisement: l'autre est que la plus part sont noms d'animaux, & de chose qui sont en estre, ayans quelque rencontre auec l'efficace & naure, que l'experience a monstré estre és estoilles à l'endroit des corps inferieurs: La 3. en faueur de quelques excellens personnages qui ont honoré & illustré ceste science d'Astrologie, ausquels les anciens ont faict honneur, mettans ainsi leurs noms au ciel pour les eterniser: Or les noms des estoilles qu'on appelle formees sont en partie animez, en partie inanimez, & sont toutes comprises soubs 48. signes ou images & constellations: Mais celles qui n'ont point de figure, ny de nom, les Grecs les ont appellez informes: Aucuns donc desdits signes celestes sont premiers & principaux, comme ceux qui seruent au Zodiaque, & aucuns moins principaux qui sont en l'vne partie, comme en L'hemisphere Meridional, ou Septentrional: En tous lesquels signes a esté obserué & remarqué le nombre de 1025. estoilles formees, à sçauoir 346. aux signes du Zodiaque, 316. à ceux de la partie Meridionale, & 360. aux signes Septentrionaux:

Les noms des signes du Zodiaque sont premierement le Belier composé de 18. estoilles, le charactere duquel vsité en c'est art est tel ♈, le 2. est le Toreau composé de 33. estoilles, desquelles y en a 7. au front nommees Hyades, & au dos 7. autres appellees pleiades, on luy attribue ce charactere ♉, le 3. les Gemeaux ou bessons composé de 19. estoilles, le charactere duquel est ♊, le 4. est le Cancre ou Escreuice, qui a 9. estoilles, & pour charact. ♋, le 5. le Lyon, qui en a 28. entre lesquelles y en a vne nommee le cœur, ou l'estoille Royale, son charact. est ♌, le 6. la vierge qui a 26. estoilles, son charact. ♍, le 7. la Balance ♎, qui a 8. estoilles, le 8. le Scorpion ♏, ayant 21. estoilles, le 9. l'Archier ♐, ayant 31. estoilles, le 10. le Capricorne ♑, qui a 28. estoilles, le 11. est le verseaue ♒, 42. estoilles, le 12. les Poissons ♓, 34. estoilles: Mais en la partie Meridionale y en a 16. sçauoir la Balaine qui a 22. estoilles L'orion 17. l'Eridan 13. le Lieure 12. le Chien 18. L'auantchien 2. la Nauire 23. l'Hydre 26. la Tasse ou Gobeau 8. le Corbeau 7. le Centaure 23. le Loup que porte le Centaure 19. l'Autel ou Encensoir 4. la Couronne australe 13. le grand Poisson meridional 11. la Cheuelure de Berenice 7. & en la partie Septentrionale y a 21. images ou signes à sçauoir le Dragon qui a 31. estoilles, la grande Ourse ou Septentrion composé de 35. estoilles: car il en a 27. en forme, & hors la figure 8. la petite Ourse contient 7. estoilles Cephee 19. Andromede 23. Cassiopee 10. Persee auec l'espee & sa Gorgone 26. & 3. informes, le triangle 4. le Bouuier auec 22. estoilles, dont la principale est l'Arcture, & 1. informe, la Flesche 5. l'Aigle 9. le Cygne 12. le Dauphin 16. le Cheual volant 20. le Cheual coupé 4. Hercules 10. l'Agenoüillé 28. la Courone Septentrionale 8. Ophiucus 48. le serpent d'Ophiucus 18. la Lyre 10.

Quant aux apparences celestes qui se font au leuer & coucher desdictes estoilles à cause du premier mobile, & du mouuement du Soleil au Zodiaque, y en a 3. sortes sçauoir Heliaque, Cosmique, & Acronyque: Heliaque ou Solaire est quand l'estoille sort des rayons du Soleil, ou qu'elle est cachee par eux: Cosmique est quand à Soleil leuant l'estoille est leuee sur nostre horizon, & s'appelle le leuer du matin, ou qu'elle est abbaissee, & s'appelle le coucher du matin: Acronyque est quand l'estoille est leuee sur l'Horison, ou abbaissee à Soleil couchant, qu'on dict alors le leuer, ou coucher du soir:

Les planettes sont estoilles errantes au nombre de 7. ayant chacune son ciel, ou rond estage: dont y en a 3. superieures Saturne, le charactere duquel est tel ♄, & semble qu'il soit la plus petite Planete, par ce qu'elle est la plus haute, qui faict son cours en 30. ans, Iupiter qui est la plus prochaine d'apres Saturne faict la ronde en 12. ans, son charact. est tel ♃, Mars faict le circuit en 3. ans, & se marque ainsi ♂, y en a deux inferieures, Venus, dont le charactere est ♀, que les Latins ont nommee Lucifer porte lumiere, & Venus à venustate à cause de sa beauté, quand elle marche deuant le Soleil: Puis lors qu'elle le suit, Hesperus, & vesper vespre, & acheue son corps en vn an: Mercure est aussi vne Planette inconstante, par-ce qu'elle suit presques la nature des signes auec lesquels elle se conioinct, & pourtant on feint qu'il est le Messager des Dieux: Il faict aussi son cours en vn an. & se marque ainsi ☿, les deux grands luminaires du monde sont le Soleil, & la Lune: le Soleil est le principal des Planettes, le plus grand luminaire du ciel, creé pour gouuerner le iour, & se marque ainsi ☉: Il a double mouuement, l'vn qui ne luy est pas propre & s'appelle cours iournalier, l'autre qui luy est propre, & se nomme cours annuel & oblique faict par les signes du Zodiaque en l'espace de 365. iours & 5. heures ou enuiron: la Lune est le moindre luminaire creé pour gouuerner la nuict, & nous marquer les mois & iours prefix, & se marque ainsi ☾: Son cours & reuolution est plus petite que celuy du Soleil, comme enuiron de 12. iours: Nouuelle Lune, Pleine Lune, & les autres changemens de clairté en la Lune, se font à cause de la distance, & approchement du Soleil: l'eccentrique & ecliptique du Soleil s'entrecouppe par le cercle concentrique de la Lune, qui egale vers l'Orient & l'Occident: Or ces poincts là & intersections s'appellent les neuds, chef & queuë du Dragon de la Lune: le chef c'est ceste intersection quand la Lune va par l'ecliptique du midy au Septentrion, & se marque ainsi ☊: Mais la queuë c'est vne autre intersection, quand la Lune va de Septentrion au Midy, son charactere est tel ☋: Ces poincts là sont opposez l'vn à l'autre: De là quelquesfois il aduient à ces deux grands luminaires qu'ils sont priuez de leur clairté, ce qu'on appelle Eclipse au Soleil, à cause de l'interposition de la Lune entre le Soleil & nostre veuë, à la Lune simplement à cause de l'interposition de la terre faicte diametralement entre le Soleil & la Lune:

Outre plus par le benefice du mouuement & reuolution de ces deux luminaires on a obserué certaines vicissitudes des temps, annees saisons, mois, sepmaines, iours, heures, & autres petites parties & parcelles:

Le temps est à dire la duration des choses, ou l'espace qui est prinse du mouuement du ciel & du Soleil, par laquelle est mesuree l'agitation & vicissitude de tout ce qui est mobile: Dont y en a 3. sortes preterit, present, & futur: le temps preterit est celuy qui a esté & n'est plus maintenant: Le present c'est la fin de celuy qui est passé, & le commencement du futur: le futur est celuy qui n'est plus maintenant, mais sera quelquesfois: On trouue diuerses assignations & manieres d'annee: Car chaque Planette a son annee propre, en laquelle elle accomplit & parfaict son cours, comme a esté declaré cy-dessus: & sera la grande annee, qu'on dict l'an du Monde, quand toutes les Planettes & estoilles seront retournees ensemble en leur propre lieu, où elles estoyent, quand elles furent toutes creez: Mais l'An du Soleil c'est le temps que le Soleil passe par les douze signes du Zodiaque, faisant la ronde en iceluy par son propre mouuement depuis le Ponant iusques à l'Orient: Ce qui se faict en 365. iours naturels, 5. heures, 49. minutes, 16. secondes, lequel an se diuise en 4. principales parties qu'on appelle saisons, sçauoir Printemps, Esté, Autonne, Hyuer: Dont les mutations des 4 temps en procedent, comme l'Equinoxe du Printemps & Automnal, le Solstice estial, & d'Hyuer: Il y a 3. sortes de mois, le premier est appellé Solaire qui est pendant que le Soleil demeure en vn signe du Zodiaque, le 2. Lunaire qui est proprement le retour de la Lune au lieu où estoit le Soleil, apres en auoir esté esloigné, le 3. est nommé Vsual & commun, comme celuy qui est ordonné & contenu à nos Calendriers: Dont y en à 12. selon les 12. signes dudict Zodiaque, par où passe le Soleil, les noms desquels sont Ianuier Feurier, Mars, Auril, May, Iuin, Iuillet, Aoust, Septembre, Octobre, Nouembre, Decembre: Entre lesquels y en a 7. sçauoir Ianuier, Mars, May, Iuillet, Aoust, Octobre, Decembre qui ont 31. iours naturels: Auril, Iuin, Septembre, Nouembre n'en ont que 30. & Feurier 28. ou quelquesfois 29. quand il est bissexte: Ce qui aduient ordinairement de 4. en 4. ans: D'auantage les mois communs contiennent 4. sepmaines & 3. distinctions Latines, Calendes, Nones, & Ides: Mais chaque sepmaine contient 7. iours sçauoir Lundy, Mardy, Mercredy, Ieudy, Vendredy, Samedy, Dimanche: Par la replication desquels la sepmaine, le Mois, l'An, & tout le temps du siecle est parfaict & contenu: Au surplus aux iours on considere les parties & differences: Les iours sont artificiels, ou naturels: le iour artificiel c'est l'espace de temps qui est entre Soleil leuant & couchant, diuisé en matinee & vespree, c'est à sçauoir ceste partie du iour naturel aussi longue en chaque region que le Soleil demeure sur l'Horizon: Car le iour naturel se diuise au iour, & nuict artificiele: La nuict donc artificiele c'est la partie du iour naturel en chaque region qui dure autant que le Soleil demeure en bas de l'Horizon: Mais le iour naturel c'est l'espace de temps, auquel le Soleil faict sa course & la ronde de l'Orient en l'Occident. & d'Occident en Orient qui est de 24. heures: Or l'heure c'est la quote partie du iour qui est egale & inegale: Egale c'est la 24 partie du iour naturel, par laquelle la demy-once du monde se faict: Inegale c'est la 12. partie du temps qui est entre Soleil leuant & couchant, ou entre Soleil couchant & leuant: Ce iour naturel se diuise aussi en 4. quadrans, le quadran en 6. heures, l'heure contient 4. poincts du ciel, ainsi les 24. heures de l'equateur ont 160. degrez, le poinct a 12. moments, vne minute d'heure à 15. minutes d'vn degré, le moment 12 onces, l'once 47 atomes, l'atome est si petit qu'il ne peut plus estre diuisé: En outre cedict iour est aussi egal, & inegal: Egal c'est l'espace de temps, auquel tout l'equateur se tourne autour de la terre auec vne augmentation egale, qui est de 59. scrupules premiers, 8. secondes qui sont presques sus les 24. heures, la 15. partie d'vne heure, c'est à dire 4. minutes: Inegal c'est l'espace de temps, auquel tout l'equateur se tourne auec aussi grande portion, qu'il respond à l'arque Ecliptique, que le Soleil cependant par vn propre mouuement diurnal a passé: Au demeurant y a plusieurs & diuerses manieres de commencer ce iour naturel: Car les vns comme les Ægyptiens, & Atheniens le commencent à Soleil couchant iusques à l'autre Soleil couchant: les Perses & Babiloniens depuis l'Orient ou Soleil leuant iusques à l'autre Orient: les Romains à minuict iusques à l'autre minuict, les Iuifs depuis vespres iusques à l'autre: Le vulgaire & commun depuis le poinct ou l'aube du iour iusques aux tenebres ou la nuict seulement.

Reste maintenant l'autre partie artificiele d'Astrologie, appellee Iudiciaire ou diuineresse, laquelle retient aussi le nom general pour le special par synecdoche, comme faculté faisant discours continuel & exacte de la nature & proprieté des estoilles, laquelle enseigne de preuoir & predire les choses futures, donner medecine conuenable aux malades en temps commode & opportun, labourer la terre, nauiger, & faire mille autres affaires profitables à la vie humaine: car elle considere les mutations des corps inferieurs par les mouuemens, conionctions, aspects & influences des planettes, & predict aussi les choses qui aduiennent tous les ans par les iugemens des estoilles touchant les effects naturels, à sçauoir de la varieté des temps, affections & perturbations de l'air, comme tempeste, ou serenité & beau temps, des euenemens de la terre comme sterilité, ou fertilité, de la constitution & habitudes des temperaments des animaux comme de santé, ou diuerses maladies & mortalité:

Or ceste partie est diuisée principalement en 3. chap. le 1. est du Zodiaque, le 2 des planetes, & le 3. des 12. maisons du Ciel.

Le Zodiaque se diuise en 12. signes, ausques on considere la nature & proprieté de chacuns, & la diuision: Quant à leur nature & proprieté le Belier ou Mouton est vn signe chaud & sec, de feu & colerique qui s'attribue le chef: Le Toreau est froid, sec, terrestre & melancholique s'attribuant le col: Les Gemeaux chaud, humide, airé, sanguin s'attribuant les bras: Le Cancre ou Escreuice froid, humide, aquatique & flegmatique, s'attribuant la poictrine, le poulmon & l'estomac: Le Lion conuient auec le Belier, & gouuerne le cœur & le foye. La Vierge auec le Toreau, les intestins & le fond de l'estomac: La Balance auec les Gemeaux, les reins & les fesses: Le Scorpion auec l'Escreuice, les parties honteuses, L'archier auec le Belier & le Lion, les hanches: Le Capricorne auec le Toreau & la Vierge, les Genoux: Le Verseau auec les Gemeaux & la Balance, les iambes & les cuisses: Les Poissons auec l'Escreuice, s'attribue les pieds. Ces signes susdicts se diuisent en diuerses manieres. Premierement en mobiles, fixes & communs, Le Belier, Escreuice, Balance & Capricorne sont mobiles, parce que la disposition de l'air se change quand le Soleil entre dans iceux, & ne persiste point en mesme estat, en sorte que le Soleil estant au signe du Belier, change d'Hyuer au Printemps: Le Toreau, Lion, Scorpion, Verseau sont signes stables & arrestez, pource que quand le Soleil entre en iceux, le temps & la disposition de l'air demeure en vn mesme estat: Les Gemeaux, Vierge, Archer, & les Poissons sont signes communs qui sont en partie mobiles, & en partie arrestez: Secondement és signes rationales comme sont la Vierge, Gemeaux, Balance, Verseaue & la premiere moitié de l'Archer: Tiercement en fertiles & steriles: Quartement és degrez masculins, feminins, clairs, tenebreux, fumeux, vuides, puteals, valetudinaires. Quintement en faces termines, & en termes inegaus: Sextement en 4. triplicitez ou trigones equiangles & equilateres: de feu, comme le Belier, Lyon, Archer: Terrestres comme le Toreau, Vierge, Capricorne: D'air comme les Gemeaux, Balance, Verseaue: d'eaue comme l'Escreuice, &c.

Aux planettes y a 5. choses à considerer, les maisons, hauteurs, natiuitez, qualitez & aspects. Les signes du Zodiaque sont appellez par les Astrologues les maisons des planettes: Car le Capricorne, & Verseaue sont assignez pour domiciles à Saturne, l'Archer & les Poissons à Iupiter, le Belier & Scorpion à Mars, le Lion au Soleil, le Toreau, & la Balance à Venus, les Gemeaux, & la Vierge à Mercure, l'Escreuice à la Lune: Quant à leurs exaltations, Saturne est esleué au 20. degré de la Balance, Iupiter au 15. de l'Escreuice, Mars au 28. de Capricorne, le Soleil au 19. du Belier, Venus au 26. des Poissons, Mercure au 15. de la Vierge, la Lune au 4. du Toreau. Les abbaissements de toutes sont en lieux opposez: mais la nature de chacunes est telle, Saturne est froid & sec, noir en couleur, styptique en saueur, Iupiter humide & chaud, gris, cendré ou verd en couleur, doux en saueur: Mars sec & chaud, rouge & amer: Le Soleil chaud & sec, estrange en couleur, aigu ou piquant en saueur, Venus humide & froide, blanche & onctueuse: Mercure variable & diuers se conformant en qualité à la planete auec laquelle il est conioinct, meslé en couleur, aigre en saueur. La Lune froide & humide, iaune saffranee & salee. Leurs qualitez sont diuerses aussi: Car les vnes premierement sont nommees graues & pesantes, comme Saturne, Iupiter, Mars: Aucunes sont legieres, comme Venus, Mercure, la Lune: Autres ne sont ny legieres, ny pesantes, comme le Soleil: Secondement aucunes d'icelles sont de fortune, comme Iupiter qui est nommé grande fortune, & Venus petite fortune: Aucunes sont de malencontre, comme Saturne qui est grand malencontre, & Mars petit: Mais Mercure est bonne auec les bonnes, mauuaise auec celles qui le sont: Le Soleil bon par aspect, mauuais par conionction: La Lune court par toutes, comme messagere, & dit-on qu'elle est heureuse, & malheureuse par celles-là: Tiercement aucunes sont feminines, comme la Lune, & Venus, quelqu'vnes masculines comme les autres: Quartement aucunes sont nocturnes, comme Mars, Venus, la Lune: Aucunes iournalieres, comme les autres: Quintement quelqu'vnes amies, quelqu'vnes ennemies: Ainsi Iupiter, la Lune, le Soleil sont amies à Saturne: Mars, Venus ennemies: Toutes sont amies de Iupiter, excepté Mars: Venus est seule amie de Mars, les autres ennemies: Iupiter & Venus sont amies du Soleil: Mars, Mercure, la Lune ennemies: Saturne, Iupiter, Venus amies de Mercure, les autres ennemies: Saturne, Iupiter, Venus sont amies de la Lune, les autres ennemies: Iupiter & Venus sont amies à la teste du Dragon, de la nature desquels il est, & pource c'est fortune: Saturne & Mars sont amies à la queuë du Dragon, la nature desquels il refere, & pourtant c'est malencontre: icelles sont augmentees & diminuees par les aspects ou regards: Car les planetes sont ou conioinctes, quand elles sont en vn mesme signe & degré, & se marque ainsi ☌, ou separees, quand elles se regardent, ☍.

Or il y a 4. sortes d'aspect ou regard, sextil, quadratil, triental, & demie conionction & opposition: Mais l'aspect des Estoilles tant fixes, que planetes, n'est autre chose qu'vne certaine habitude qu'elles ont quelquesfois ensemble au Ciel, selon laquelle elles communiquent plus sensiblement leurs lumieres & influences: l'aspect sextil en la 6. partie du Zodiaque en 2. signes, ou au 3. signe, ou au 60. degré, & pourtant est-il appellé aussi sexagenaire, duquel le caractere est tel ⚹, son aspect est heureux, & d'imparfaicte amitié, & de semblable benignité auec l'aspect triental: l'aspect quadrangulaire se faict en la 4. partie du Zodiaque soubs 3. signes, ou au 4. signe, à l'entredeux de 3. signes, 90. degrez, pource appellé nonagenaire, le caract. duquel est □, son irradiation est triste, comme la demie opposition & conionction, il est d'imparfaicte inimitié: L'aspect triangulaire occupe la 3. partie du Zodiaque, & se faict au 5. signe, en l'espace de 4. signes: il contient 12. parties, son caracter △, Il est de parfaicte amitié: car son irradiation est ioyeuse & heureuse, comme est le sextil: La demie opposition & conionction se faict au diametre en 6. signes, ou au 7. signe, par 180. degrez, le caractere est tel ☍, & est de parfaicte contrarieté, car son aspect est menaçant & maling: La comparaison de tous despend de l'Horoscope, lequel est ceste partie du Ciel, qui sort d'Orient sur l'Horizon au temps de la geniture: car à cestuy cy tous les aspects se rapportent.

Le 3. chap. de ceste partie & consideration est en la distribution du Ciel és 12. maisons: Car toute la maniere de iuger consiste en cela: Il faut donc entendre qu'il y a 6. grands cercles en la Sphere, qui s'entrecouppent de chaque part sus les poles du Monde, & passent par les poincts de l'equinoctial diuisément en 12. egalitez: Car le Zodiaque est diuisé par ces 6. cercles en 12. maisons, mais non pas egales, vne moitié desquelles se voit, l'autre sur l'Horizon, & estans opposez se trouuent egales: Des 12. maisons y en a 4. qui s'appellent gonds ou angles, comme la 1. maison, l'angle de l'Orient: La 7. opposee, l'angle de l'Occident: La 10. l'angle du iour, ou du milieu du Ciel. La 4. l'angle de la nuict soubs l'Horizon: En celles-là les planetes ont plus de vigueur: celles qui viennent apres, comme la 2. maison, 8. 11. 5. En celles-cy les planetes sont plus debiles: celles qui descendent sont plus foibles que les autres.

Au surplus les Predictions de l'Astrologie consistent en 4. choses, comme sont les grandes & annuelles reuolutions, genitures, interrogations, & elections: Aux grandes reuolutions on considere les conionctions, Eclipses, & influences: Aux natiuitez & genitures on preuoit & annonce les choses futures en la vie & presques en tous les euenemens de ceux qui naissent, par la qualité des planetes & des estoilles aux 12. maisons, ausquelles on diuise le Ciel à l'heure de la natiuité. Aux demandes & questions quand quelqu'vn desire sçauoir quelque chose, l'opinion des Astrologues est que celà ne se faict pas soudainement par consultation & deliberation, ains par l'influence de la constellation qui est à ceste heure-là au Ciel. Aux Elections est enseigné par les Astrologues de choisir & eslire l'heure & le iour pour toute œuure qu'on destine de faire, & assignent à chacunes œuures leurs constellations.

Mais c'est assez dict des fondements & commencements d'Astrologie: le surplus faudra suppleer par la diligente lecture des Autheurs qui ont plus amplement escrit de ceste doctrine.

Y

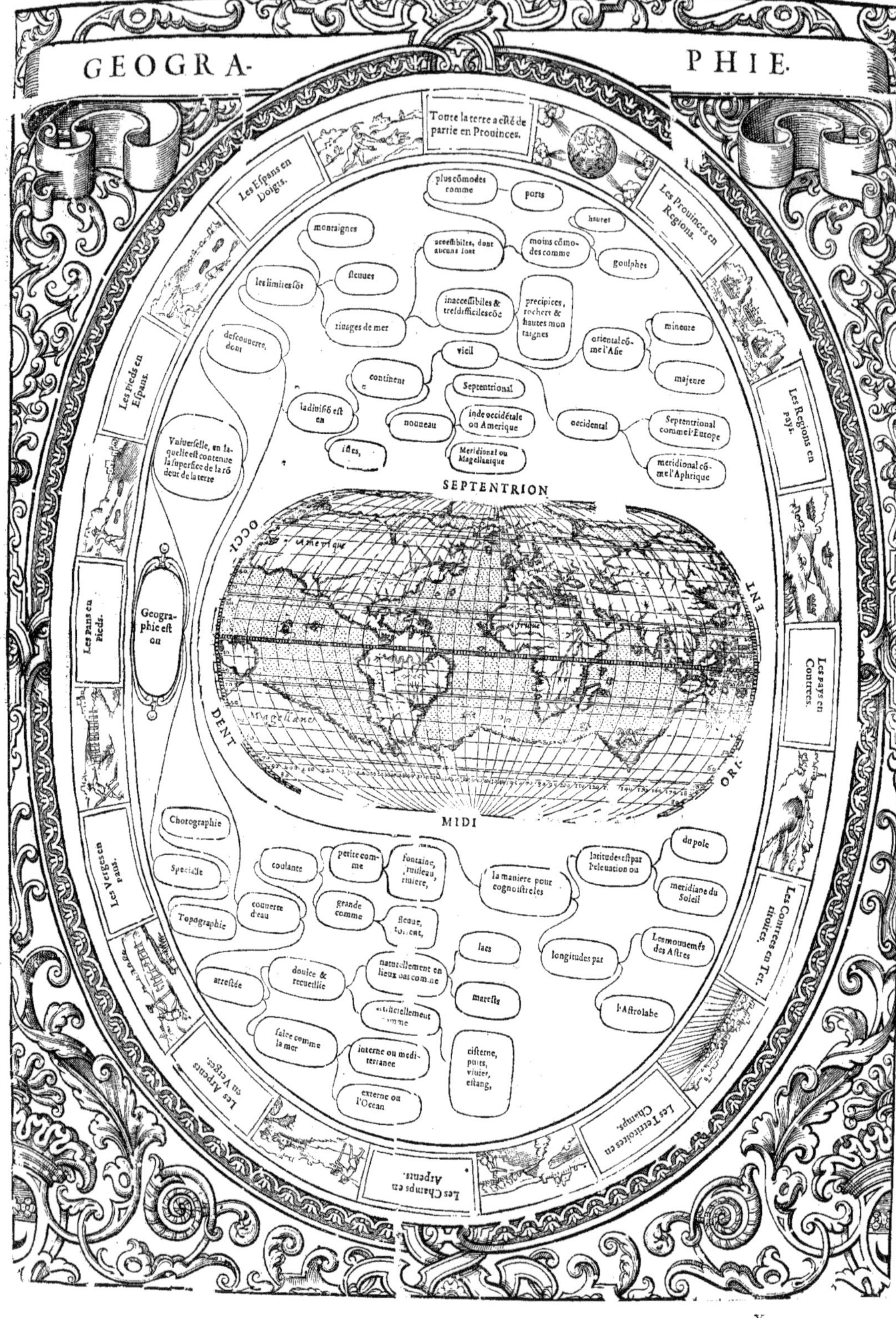
GEOGRA- PHIE.
Toute la terre a esté departie en Prouinces.
Les Espans en Doigts.
Les Prouinces en Regions.
Les Pieds en Espans.
Les Regions en pays.
Les Pans en Pieds.
Les pays en Contrees.
Les Verges en pans.
Les Contrees en Territoires.
Les Arpents en Verges.
Les Territoires en Champs.
Les Champs en Arpents.
Geographie est ou
Vniuerselle, en laquelle est contenue la superfice de la rondeur de la terre
descouuerte, dont
les limites sont
montaignes
fleuues
riuages de mer
accessibiles, dont aucuns sont
plus cômodes comme
ports
moins cômodes comme
haures
goulphes
inaccessibiles & tresdifficiles cõe
precipices, rochers & hautes montaignes
la diuisiõ est en
continent
vieil
oriental cõme l'Asie
mineure
majeure
occidental
Septentrional comme l'Europe
meridional cõme l'Aphrique
nouueau
Septentrional
inde occidétale ou Amerique
Meridional ou Magellanique
isles,
SEPTENTRION
OCCI-DENT
ORI-ENT
MIDI
Amerique
Afrique
Magellanica
Chorographie
Speciale
Topographie
couuerte d'eau
coulante
petite comme
fontaine, ruisseau, riuiere,
grande comme
fleuue, torrent,
arrestée
douice & recueillie
naturellement en lieux bas comme
lacs
marests
artificiellement comme
cisterne, puits, viuier, estang,
salee comme la mer
interne ou mediterranee
externe ou l'Ocean
la maniere pour cognoistre les
latitudes est par l'eleuation ou
du pole
meridiane du Soleil
longitudes par
Les mouuemẽs des Astres
l'Astrolabe

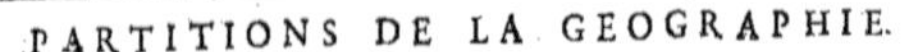

PARTITIONS DE LA GEOGRAPHIE.

GEographie est l'Art de bien d'escrire la superfice de toute la terre : Elle se distribue en 2. vniuerselle & particuliere:
Eographie est l'Art de bien d'escrire la superfice de toute la Terre habitable & descouuerte, mais celle aussi, qui est couuerte d'eaue:
La description vniuerselle de la terre est celle qui comprend non seulement tout e la Terre habitable & descouuerte, mais celle aussi, qui est couuerte d'eaue:
La description vniuerselle de la terre est celle qui descrit seulement les portions, & parcelles de la terre : & se diuise en Chorographie, & Topographie:
Au contraire la description particuliere est celle, qui descrit seulement les portions, & parcelles de la terre : Aussi la Chorographie est la description de chacunes contrees, & parties de la terre, que nous appellons
Parquoy comme la Cosmographie c'est la description de tout le monde, la Geographie de toute la terre : Aussi la Chorographie est la description de chacunes contrees, & parties de la terre, que nous appellons
tables ou chartes chorographiques, comme la Gallicane, celles d'Espaigne, d'Italie, Germanie, & d'autres païs:
Mais Topographie c'est la description de chasques lieux particuliers de la Terre, comme villes, places, forests, montagnes, vallees, campagnes, lacs, marests, fleuues & riuieres, &c.
Laquelle est tres necessaire aux Princes, grands Seigneurs, Capitaines generaux & conducteurs d'armees: car ils ont bien affaire de la Chorographie, mais principalement de la Topographie, tant pour voyager que pour bien
asseoir leur camp en lieu commode, & conuenable:
Toute la superfice ou plaine de la terre s'appelle rondeur, pource qu'elle a la figure ronde : Et est diuisee en descouuerte, & couuerte d'eaue : Mais non pas ainsi que les anciens vouloient en Zone habitable, & non habitable
Car il n'y a auiourd'huy terre aucune descouuerte, qui ne soit habitable aussi, selon qu'on a trouué par experience:
La terre di je descouuerte en plusieurs endroicts à esté donnee, & laissee par la misericorde de Dieu à l'homme, & aux animaux pour leur domicile & habitation : Car auparauant elle estoit toute couuerte d'eaue, comme il en est
parlé par le Prophete Royal Dauid au Pseaume 104. Mais Dieu le createur tres-bon & pitoyable, commanda aux eaux de se retirer de dessus la superfice de la terre, afin d'y laisser demourer & habiter les hommes, & les autres animaux terrestres:
Outre plus elle est ornee de grande estendue de pays, ou plaines & plattes campagnes, costoyee de haultes montagnes, vestue & ombragee de profondes forests, & verds bocages, accommodee de belles vallees & prairies
verdoyantes, embellie & illustree d'infinité de villes & bastiments, que ce sage animal l'homme a construit & edifié : Elle produict aussi les fontaines, ruisseaux & riuieres, dont elle en est arrousee, & desquelles les vnes se mes-
lent & perdent parmy la terre, les autres se desgorgent dedans la mer, & produisent les plantes & animaux:
Or la terre est bornee & limitee de riuieres, ou des riuages & bords de la mer:
Les limites donc, & separations de la terre & de la mer, selon leur diuerse forme & figure ont prins plusieurs denominations : Car on dict que les bords maritimes, sont les fins & limites aussi bien de la mer, que generalement
du continent : Mais qu'ils ont plusieurs denominations selon la diuerse figure & situation du lieu:
Car les vns sont accessibles & commodes pour la nauigation, les autres sont inaccessibles & tres-difficiles, comme les lieux, esquels y a des precipices, rochers & hautes montagnes:
Les lieux commodes sont subdiuises encore en de plus commodes & tres-accessibles, comme les ports, & en de moins commodes, comme les haures, & goulphes:
Les ports donc sont lieux à labri & hors des vents, & de tout peril & danger:
Mais il y à difference entre les haures, & goulphes, pource que la demeure des nauires peut estre seurement en vn haure, mais elle est tousiours douteuse, & perilleuse au goulphe:
La Terre descouuerte & habitable se diuise au continent & aux Isles : le continent ou terre ferme c'est la plus grande portion de la superfice de la terre : Les Isles sont les moindres portions & petites parcelles toutes enuironnees
d'eau : Iaçoit que le continent soit aussi comme quelque Isle close & enuironnee de toute part, n'y à difference seulement qu'en quantité:
L'autre superfice de la terre est inhabitable, & couuerte d'eaues coulantes, ou stables:
Les eaues coulantes sont ou petites comme fontaines, ruisseaux, riuieres : ou grandes comme torrents, fleuues:
Les eaues stables ou arrestees sont ou douces, ou salees : les eaues douces sont amassees & recueillies ou naturellement en bas lieux, comme lacs, & marets : & artificielement, comme puits, cisternes, viuiers, estangs : ou les eaues
sont salees, comme la mer tant mediterranee, que l'Ocean:
Mais les pilotes, mariniers, & les autres hommes experts en la nauigation qui entendent & sçauent l'hydrographie, pourront demonstrer plus amplement, & rendre toutes les raisons de ceste partie:
Or la rondeur de toute la terre se distribue en 2. hemispheres, le premier se peut commodement partager en 2. parties, occidentale, & orientale : l'occidentale est ou septentrionale, ou meridionale:
La septentrionale est comme l'Europe, dont les contrees & prouinces sont en partie maritimes, qui touchent la mer en quelque part, & sont toutes situees ou vers l'orient, comme la Grece, le Peloponnesse, Thrace, la Sci
thie Europeenne. Ou vers le ponent, comme l'Espagne. Ou vers le septentrion, comme la Germanie ou Allemagne, la Gaulle, Sarmatie, Chersonese, Cymbrique, Taurique, Scandie : ou vers le midy, comme l'Italie, l'Esclavonie,
Dalmatie, Epire, Macedoine : En partie elles sont mediterranees loing de la mer, comme la Pannonie, Dace, la haute Mesie:
La partie meridionale du continent c'est l'Aphrique, que les Grecs iadis nommoyent Lybie, de laquelle les regions aussi sont maritimes, ou vers l'Orient, comme la basse Ægypte, l'Ethiopie : ou vers le Ponent comme l'Atlanti-
que, Mauritanie, Getulie ou vers septentrion, comme Numidie, la petite Affrique, Cyrene, Marmarique : ou vers midy comme Gazarie : les regions mediterranees de l'Afrique sont comme Lybie interieure, l'Ethiopie sus l'Ægypte:
Mais la terre continente Orientale c'est l'Asie appellee mineure, ou majeure:
Les regions de l'Asie mineure sont comme Pont, Bitynie, Mysie, Phrygie, Lydie, Ionie, Carie, Lycie, Lycaonie, Pamphylie, Cilicie, Paphlagonie, Galatie, Cappadoce, Armenie:
Celles de l'Asie majeure, sont ou maritimes vers l'orient comme l'Inde outre Gange, la Scythie outre l'Emau : vers le ponent comment Syrie, Palestine, en laquelle sont contenues Samarie, & Galilee : En icelle, aussi est la
Terre saincte diuisee en 12. tribus d'Israel : vers le septentrion comme la Scythie, & Sarmatie, Asiatique, la Serique : vers le Midy comme l'Arabie petree, deserte, & heureuse, Perse, Susiane, Carmanie, Gedrosie, L'Inde dans
Gange, Malachie : Ou les regions de l'Asie majeure sont mediterranees comme la grande Armenie, Assyrie, Mesopotamie, Babylone (en laquelle est Chaldee) Mede, Parthie, Hircanie, Margiane, Bactriane, Sogdiane, Arie,
Drangiane, Arachosie, Gedrosie Susiane, Gaspirie, &c.
Les Isles sont ceinctes & enuironnees de la mer ou interne & mediterranee, comme Sicile, Sardine, Corse, Majorque, Minorque, Corcyre, Corfou, Malthe, Negrepont, Lesbos, Candie, Rhodes, Cypre, Cyclades, Spora-
des, &c. Ou externe & de l'Ocean, comme Hyrlande, la grande Bretagne, appellee maintenant Angleterre, & Escosse, Thyle ou Islande, les Orchades, &c.
L'autre hemisphere de la rondeur de la terre est appellee maintenant nouueau monde, non pas qu'il n'eust esté cogneu par les anciens, mais à cause qu'ayant esté long-temps caché & ignoré, derechef s'est descouuert en ce siecle:
Pourtant il est departy ainsi que le premier & ancien, en 3. principales parties à sçauoir septentrionale, meridionale ou magellanique, & Inde occidentale ou Amerique:
Il faut maintenant toucher vn mot de la quantité & grandeur de la terre, laquelle estant comparee au firmament, elle n'est qu'vn poinct, & comme vn grain de Coriandre enuironné d'vn cerne distant dix mille pas esgalement de
luy : Mais consideree en son Globe, les Geometres la partissent en 360. portions, comme le Ciel, & donnent à chasque portion 500. stades ou 62. milliers & demy (le stade contenant 125. pas, le pas 5. pieds, & le pied 16. doigts,
& chasque doigt 4. grains d'orge, le millier 8 stades) elle a de tout cent octante mille stades, qui sont vnze mille deux cens cinquante lieues françoises:
Quant à sçauoir trouuer & cognoistre les latitudes & longitudes des regions, & lieux, la dimension & mesure de la grandeur & quantité de toute la terre proprement appartient à c'est Art de Geographie:
Mais de vouloir s'enquerir touchant l'espesseur, & diametre d'icelle terre, il semble deuoir appartenir plustost à la Geometrie, que non pas à la Geographie:
On dict que la latitude ou largeur est vne distance depuis l'equateur : Mais la distance c'est vne bien petite extension, qui s'attribue à vne ligne droite:
Ceux qui cognoissent la description de la sphere peuuent sçauoir que c'est de l'equateur : Car c'est vn grand cercle, qui diuise la terre en 2 parties egales, c'est à dire distantes egalement des 2 poles:
On compte les latitudes par ce cercle, parce qu'il diuise la terre en 2. parties egales, meridionale, & septentrionale, & que la distance de region est autant esgalee & accommodee à l'esleuation du pole sur l'horizon par l'equateur:
Mais les poles sont piuots, sur lesquels le ciel est tourné:
A la similitude des poles celestes, on entend que les poles sont poincts en la terre, par lesquels le diametre ou aissieu de la machine du Monde passe au trauers : Car on veut que la terre soit le centre de l'vniuers, & ce poinct la
sur lequel tourne le monde, s'appelle pole ou piuot:
Quand quelqu'vn se retire arriere de l'equateur, il semble s'esloigner du pole selon la raison d'iceluy, & quand aucun s'esloigne & decline de l'equateur, le pole semble estre autant esleué sus l'horison:
La declinaison depuis l'equateur est reduitte à l'esgalité de l'esleuation du pole
La latitude de region s'appelle l'esleuation du pole pource qu'elle est aussi grande, qu'est la declinaison du Zenit où poinct vertical loing de l'equateur:
Tous les cercles celestes partissent toute la rondeur du monde, mais les plus grands la diuisent en 2. parties esgales ainsi que plus amplement & particulierement est traicté & enseigné ailleurs en la cosmographie, & Astrologie:
Aucunes latitudes donc sont septentrionales, & autres meridionales : & d'autant que les cercles sont diuisez en 360. parties, qu'on appelle degrez, nous entendons aussi que les cercles se diuisent en autant de degrez sus la terre.
Pour autant que chasque degré au ciel semble nous donner sur la terre 15. lieuës d'Allemagne, chacune desquelles à 4. milles d'Italie : Parquoy à chacun degré sont attribuez 60. milles d'Italie:
Si quelqu'vn se retire arriere de l'equateur 15. lieux d'Allemagne, il s'esloigne d'vn degré : A lors il semble que le pole est esleué sur l'horizon d'vn degré : & l'esleuation de l'vn est l'abaissement de l'autre : Car l'horizon partage
le monde en 2. parties egales : Parquoy la plus grande latitude & distance depuis l'equateur, est de 90. degrez, qui font vne quatriéme partie de 390. ausquels l'equateur se diuise:
La maniere de trouuer la latitude de lieu est bien facile : dont y en à 2. sortes, l'vne se faict par l'eleuation du pole, l'autre par l'eleuation meridiane du Soleil : Car apres qu'on à cognue l'eleuation du pole, la latitude se conclue
facilement.
Mais le pole ne se voir point : Car il n'y a pas vn seul poinct au ciel, qui nous monstre ledict pole, & neantmoins le ciel est tourné sur quelque poinct : Pourtant afin que nous ayons le pole, nous prendrons quelqu'vne des
estoilles, qui ne s'esleuent, & ne couchent point, comme l'estoille qui se voit en la queue de la petite ourse, distante du pole de 4. degrez : Parquoy nous obseruerons en l'Astrolabe, ou en quelque autre instrument de mathematique la plus grande, & plus petite eleuation de ces estoilles : Ayant cognu les 2. esleuations, si nous auons dix fois diuisé leur difference entre elles, & que nous ayons adiousté la moitié à la plus petite esleuation, nous
verrons la latitude de la region, comme si la plus petite esleuation estoit de 20. degrez, & la plus grande de 30. la difference sera de 10. laquelle diuisee deux fois, & la moitié adioustee à la plus petite esleuation, il y aura 25. degrez,
qui sera la latitude de la region.
L'autre maniere est presque semblable à celle là, toutesfois vn peu plus difficile, car elle à besoin de la table des declinaisons depuis l'equateur, afin d'obseruer tous les iours l'esleuation meridiane du Soleil, pourtant nous prendrons seulement 4. iours, ausquels nous obseruerons 2. equinoxes, & solstices : Car aux equinoxes y aura aussi grande declinaison du Zodiaque depuis l'equateur, qu'est l'esleuation meridiane du Soleil : Quand donc le Soleil
est en l'equateur, si on obserue l'esleuation meridiane du soleil ostez de 90 degrez, le reste sera la latitude de la region:
L'autre raison & maniere est aux tropiques, ou solstices : Car puis que la plus grande declinaison du Zodiaque est de 23. degrez, & 33. minutes, apres qu'on aura obserué au tropique du cancre l'esleuation du soleil, luy faudra
adiouster 23. degrez, & 33. minutes qui est la plus grande declinaison du Zodiaque, la somme estant adioustee au tropique d'hyuer, & ostee en celuy d'esté, elle marquera la latitude de la region:
Reste, pour acheuer l'œuure de Geographie, la maniere de trouuer les longitudes des lieux proposez:
Tout ainsi que les Astronomes en la description du ciel, assignent certain lieu, pour discerner les longitudes des corps celestes, semblablement les Geographes prennent aussi certain poinct sus la terre, pour cognoistre les longitudes des lieux.
Nous auons en la geographie le meridien des Isles fortunees, qui sont par de là les Gades : Parquoy la longitude c'est la distance du lieu meridiam depuis le meridian des Isles fortunees contre le mouuement du premier mobile : Car le premier mobile est porté de l'orient en occident par le midy : Mais on voit la longitude de l'occident iusques à l'orient par le midy le meridian des Isles fortunees est vne ligne conduitte & menee par ces Isles depuis
le plus haut pole : Celuy de Paris est vne ligne conduitte par Paris depuis le pole : Nombrez les degrez en l'equateur, que designe la ligne du milieu distribuee en 360. degrez, nombrez di-je les degrez, par lesquels le meridian des
Isles fortunees est distant du meridian de Paris il y en aura 21. Parquoy on dira que la longitude de ce lieu sera de 21 degrez:
Il y a 2. manieres pour cognoistre la longitude de lieu sans instrument, l'vne est tres-certaine, l'autre est par demonstration:
La tres-certaine c'est celle, qui est cognuë par le mouuement des estoilles, c'est à sçauoir apres qu'on a obserué le moment de quelque temps, afin d'auoir la longitude de deux lieux, que le temps soit cognu, auquel il
apparoistra:
Mettons l'exemple aux eclipses, qui adviennent par tout en mesme moment de temps : Il semblera aduenir toutesfois plus tardiuement aux orientaux, parce que l'heure leur est plus tardiue, car il a esté iour plustost là:
Or le Soleil se leue plustost aux orientaux, qu'à nous icy : Comme pour exemple, le Soleil se leue plustost en Ierusalem enuiron 5 heures qu'à nous : Quand nous auons 5. heures, alors ils en ont 10. Pour auoir donc vne certaine longitude de lieu, il faut establir quelqu'vn, qui en vn mesme moment de temps obserue l'eclipse du Soleil, ou de la Lune auec nous : Apres toy qui as esté par aduenture en Asie, si tu as eu communiqué le temps auec celuy,
qui pareillement a obserué le temps en Affrique, & que tu ayes veu la difference du temps, ceste difference la monstrera la distance des lieux entr'eux, en attribuant 15. degrez à chacune heure, 7. degrez, & 30. minutes à demie heure:
Ceste raison & maniere est tres certaine, & indubitable : Car les eclipses du Soleil, ou de la Lune les oppositions, conionctions, & autres telles choses apparoissent en mesme moment, combien qu'elles semblent toutesfois
aduenir aux vns plustost, & aux autres plus tard à cause du Soleil leuant plus hastif aux orientaux, & plus tardif aux occidentaux:
L'autre maniere de cognoistre les longitudes est par demonstration, laquelle a esté inuentee recentement par quelques Mathematiciens, qui estiment pouuoir construire & fabriquer vne machine & instrument d'heure, parfaict & accomply, combien neantmoins qu'à bien grande peine se puisse trouuer tel instrument:
Mais si aucun en a vn tel parfaict & accomply, & qu'il vueille cognoistre la longitude de quelque lieu, qu'il s'aduance ou vers l'Orient, ou vers l'Occident : Il ne sera pas necessaire, qu'il aille directement à l'Orient, ou l'Occident
cependant qu'il s'esloigne de l'vn : mais auant son partement, qu'il obserue le vray meridian, ou autre heure du iour, au lieu, d'où il veut partir : Apres qu'il compose son horloge selon l'astrolabe, puis qu'il parte de ce lieu : Quand
il sera venu iusques au lieu, dont il veut cognoistre la difference de la longitude, qu'il obserue en l'astrolabe l'heure du lieu, auquel il est : Car il cognoistra par son instrument l'heure du lieu, d'où il est party : Parquoy qu'il confere
les heures ensemble, & qu'il donne à chacune heure 15. degrez, vous aurez la longitude, & distance entre eux de ces lieux là.

Y

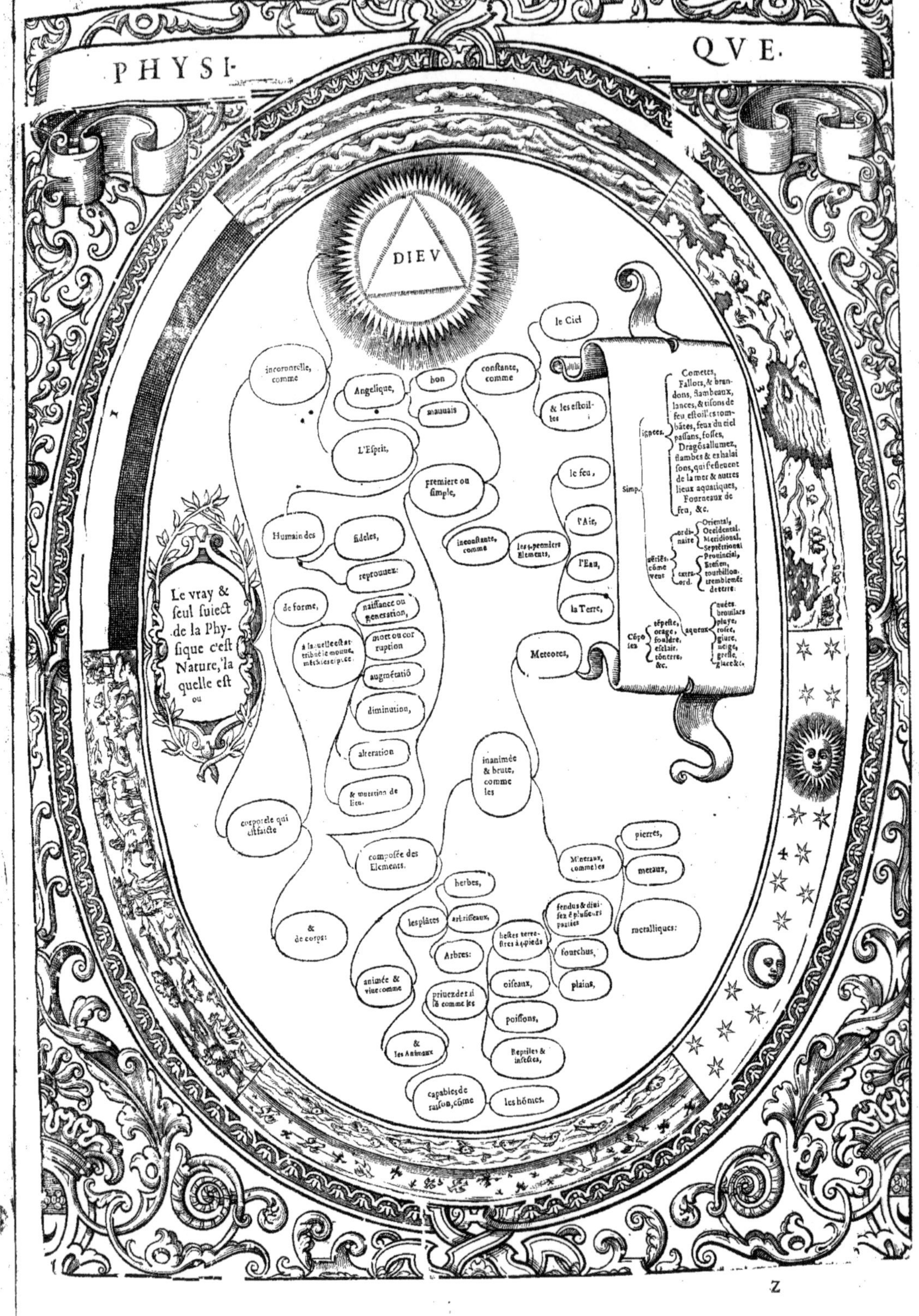
PHYSIQVE.
DIEV
Le vray & seul suiect de la Physique c'est Nature, la quelle est ou
incorporelle, comme
Angelique,
bon
mauuais
L'Esprit,
Humain des
fideles,
reprouuez:
corporele qui est faicte
de forme,
naissance ou generation,
mort ou corruption
augmétatiõ
diminution,
alteration
& mutation de lieu.
& de corps:
premiere ou simple,
constante, comme
le Ciel
& les estoilles
inconstante, comme
les 4. premiers Elements,
le feu,
l'Air,
l'Eau,
la Terre,
composée des Elements.
inanimée & brute, comme les
Meteores,
Simp.
ignees.
Cometes, Fallots, & brandons, flambeaux, lances, & tisons de feu estoilles tombâtes, feux du ciel passans, fosses, Dragõs allumez, flambes & exhalaisons, qui s'esleuent de la mer & autres lieux aquatiques, Fourneaux de feu, &c.
aëriés, cõme vent
ordinaire
Oriental, Occidental, Meridional, Septẽtrional
extraord.
Prouincial, Stesien, tourbillon, tremblemẽt de terre:
aqueux
nuées, brouilars, pluye, rosee, giure, neige, gresle, glace &c.
Cõposees
tẽpeste, orage, fouldre, esclair, tõnerre, &c.
Mineraux, comme les
pierres,
metaux,
metalliques:
animée & viue comme
les plãtes
herbes,
arbrisseaux,
Arbres:
& les Animaux
priuez de raison comme les
bestes terrestres à 4. pieds
fendus & diuisez ẽ plusieurs parties
fourchus,
plains,
oiseaux,
poissons,
Reptiles & insectes,
capables de raison, cõme
les hõmes.

PARTITIONS DE LA PHYSIQVE.

Physique c'est l'Art de bien naturaliser: de laquelle le vray & seul subiect est nature, c'est à dire essence consistante par soy qui est incorporelle comme Dieu, & l'esprit, ou corporelle, laquelle est composée de forme & de corps: La forme c'est la principale partie de l'essence, par laquelle la chose est ce qu'elle est, & pourtant est differente de toutes autres choses, & s'engendre & naist auec la chose mesme: A icelle est attribué le mouuement, (qui est l'effect des choses naturelles) & ses especes comme naissance ou generation, mort ou corruption, augmentation, diminution, alteration, & mutation de lieu, lequel est l'espace de la chose assise & colloquee, dont y a 6. differences: car il y a lieu haut ou bas, deuant ou derriere, dextre ou senestre: Mais repos ou cessation n'est que priuation de mouuement:

Le corps naturel, materiel & sensible, c'est tout ce qui se peut comprendre par les sens exterieurs: Auquel faut considerer les qualitez & especes: Or il y a 2. sortes de qualitez au corps naturel, dont les vnes sont premieres & principalles, comme densité ou espesseur, & rarité: les autres sont issues des premieres, qui sont de plusieurs manieres: car elles sont cognues & apprehendees ou par le sens de l'attouchement, comme chaleur, froidure, humidité, seicheresse, lesquelles sont accompagnees aussi de pesanteur, legereté, mollesse, dureté, tenereté, grosseur, aspreté, lenité, lenteur, aridité, fragilité, glissement: Ou par la veuë, comme la couleur, & la lumiere: ou par l'ouye, comme le son & la voix: ou par le flair, comme l'odeur: ou par le goust, comme la saueur: voilà en peu de paroles toutes les sortes des qualitez naturelles, s'ensuiuent les especes du corps, ou de la chose naturelle, qui est simple ou composée:

La nature corporelle qui est simple, c'est vn corps essentiel aux composez, laquelle est constante, comme le ciel & les estoilles, ou inconstante, comme les 4. premiers elements naturels qui sont corps simples & inconstans, par lesquels chacune chose est premierement composée: Le premier est le feu qui est l'element naturel le plus haut, leger, subtil, agile, sec & chaud, ensemble simple, pur, & clair, ayant de merueilleux effects en toutes les choses naturelles: Le 2. c'est l'Air qui est rare & clair, chaud, tres-humide & subtil, duquel l'humidité est vn flus penetrant à trauers toutes choses, & par sa subtilité il remplit soudain tout lieu, & continuë tellement qu'il n'y a rien de vuide en nature: au reste selon que la chaleur du Soleil s'eslongne ou s'approche de l'air, outre les 2. qualitez sus-mentionnez, il en prend, qui lors luy sont comme accidentales, maintenant froid, sec, tres-chaut ou temperé de froidure & de seicheresse: Aussi est party en 3. estages ou regions, sçauoir haute, moyenne, & basse: L'eau c'est le 3. element qui est humide & froid, moins solide & plus liquide: outre-plus l'eau est aussi plus legere l'vne que l'autre, de diuerse couleur, odeur, & saueur selon la diuersité des terres par où elle passe, tellement qu'elle est ou chaude, douce, acerbe & aspre ou onctueuse & grasse, ou froide, salee, amere, ou tiede, acide, aigre, & vineuse, à cause des lieux pleins de mineraux: La terre c'est le 4. & dernier element, le plus bas & pesant, froid & sec, vn corps spongieux & pertuisé, ayant infinité de canaux & conduicts, tant en sa superficie, qu'à trauers les membres: D'auantage elle est aussi au beau milieu de tout l'vniuers, comme le Centre, & pourtant est espaisse, solide, obscure & ronde, ferme, stable, amassee en vn & immobile: Mais c'est assez de la simple nature, s'ensuit celle qui est composee des elements, laquelle est inanimee, ou animee:

La nature inanimee ou brute est vne essence corporelle, qui s'engendre partie en l'air, comme sont les meteores, partie dans la terre comme les mineraux:

Les meteores donc ou impressions sont certaines euaporations qui s'esleuent de la terre ou des lieux humides, & continuellement, & ordinairement montent en l'air: Desquels faut considerer les causes & differences: La cause efficiente vniuerselle, c'est la lumiere & les rayons du Soleil, & des estoilles: la cause materielle c'est vne euaporation ou fumee, dont y en a 2. sortes, à sçauoir exhalaison & vapeur: l'exhalaison est vne sorte d'euaporation seiche, & chaude, sçauoir celle qui sort de terre, & est attiree & esleuee en l'air des lieux arides par la vertu des rayons du Soleil: Mais vapeur c'est vne autre sorte d'euaporation plus moite & vaporeuse, car elle s'euapore en l'air des lieux humides:

Quant aux especes & differences desdits meteores, ils sont de deux sortes, les vns sont simples, & les autres composez: Entre les meteores simples qui apparoissent en l'air, les vns ont mesme vne subsistence & nature telle, qu'ils demonstrent à nos yeux, les autres n'ont seulement qu'vne seule apparence de ce qu'ils semblent estre: les premiers sont de trois sortes, car aucuns sont de matiere de feu, aucuns de l'air, & aucuns d'eau seulement:

Les impressions ignees sont de 2. manieres, les vnes sont flamboyantes, & amassees de grasse exhalaison qui gardent longuement leur feu, comme les cometes: les autres procedent de seiche vapeur, qui durent autant peu, qu'elles sont tost allumees, comme fallots, brandons, & flambeaux de feu en l'air, estoilles (qu'on appelle) tombantes, feux du ciel passans, fosses, dragons allumez, flambes & exhalaisons de feu qui s'esleuent de la mer, & prés des lieux aquatiques, en outre diuerses vapeurs ignees & fumees, qu'on veoit sortir hors de terre en d'aucuns certains endroits qu'on appelle fourneaux de feu: Mais les impressions aëriennes sont les vents, aucuns desquels sont generaux, & aucuns speciaux: Il y en a principalement 4. generaux & ordinaires: ceux qui soufflent ordinairement du costé du Leuant, s'appellent Solerres ou Est: Mais Bise ou Nort ceux du costé d'Aquilon ou de Septentrion: & Galernes ou Vvest, ceux qui soufflent du Ponent: Puis vents de Mer ou Sus ceux de Midy: Il y a encore d'autres sortes de vents composez, & collateraux à cesdicts 4. principaux, au naturel desquels les autres qui en despendent se rapportent en tout, ou en partie: Mais les vents speciaux, & extraordinaires sont premierement ceux qui s'appellent en Grec Etesiens, ou vent d'Esté. En apres ceux qui sont prouinciaux, & les tourbillons de diuerses sortes: Outre plus il aduient quelquefois qu'vn vent de dehors fort & grand se trouue enfermé dans les concauitez & cauernes de la terre, d'où il est empesché de sortir, partant auec force & violence, il esbranle la terre, cerchant passage, & faict cét accident qu'on appelle tremblement de terre: Pour le regard des impressions aqueuses, elles se concreent, & sont de vapeur froide & humide, comme nues ou nuees tant petites que grosses (ausquelles est contraire le temps serain) brouillard, playe, rosee, giure, gresle, neige, glace, &c. Les autres meteores qui n'ont point de subsistence comme les autres precedens, mais seulement vne apparence à la veuë, sont comme l'arc en ciel, les cordes du Soleil, cercles, couronnes, verges, &c. Les meteores composez ou meslez se font de meslange de vapeurs seiches, chaudes, enflam[mees] & humides ensemblément, dont se forment aussi diuerses impressions, comme tempeste, orage, foudre, tonnerre & esclair tout ensemble, &c:

Mais les mineraux sont essences inanimees & meslees qui s'engendrent aux veines & conduits de la terre, & sont des choses qui se concreent ensemblement, ou qui contiennent plus de liqueurs en soy: Ceux qui se concreent ensemble sont comme plusieurs sortes de terres, & les pierres: Ces manieres de terres ne se dissoluent point par la force du feu, mais estans arrousees d'eau, & destrempees s'amolissent en mortier, & puis apres s'endurcissent:

Or les vnes sont menues, & se distinguent en diuerses qualitez, comme l'argille, &c. ou par les noms des pays comme d'Armenie, de Samos, de Crete, &c. Les autres sont vn peu plus grossieres comme si elles estoyent conuerties en pierre, ainsi que sont la greue, le grauois & le sable, &c. Les pierres se concreent & endurcissent de [illegible] plus grossiere, & d'humeur visqueuse par, longueur de temps, qui conioinct & assemble par la chaleur, ou froidure: Il y a 2. sortes de pierres, les vnes sont communes, & les autres rares: Celles qui sont communes & vulga[illegible] ou moins grosses & solides, comme la croye, le plastre, &c. ou elles sont plus dures & grosses, comme cailloux, gré, queux, pierre de taille, &c. Celles qui sont rares & luisantes sont ou plus grossieres, comme marbre, albastre, iaspe, porphyre, &c. Ou elles sont plus petites, lesquelles derechef sont ou moins insignes, comme celles qu'on trouue aux minieres, en la mer, dedans les pierres mesmes & les animaux: Ou elles sont precieuses & fines, comme diamant, Zaphir, rubis, esmeraude, &c.

Or les mineraux qui ont en soy plus de liqueur, sont de 2. manieres, à sçauoir metalliques & metaux: Les metalliques sont moyens entre les pierres & les metaux, tels sont les sucs endurcis & concrées, desquels aucuns y a qui ne bruslent iamais, mais estans destrempez se dissoudent comme l'alun, le nitre, le sel, &c. Quelques autres conçoiuent le feu par la graisse, & ardent ou bruslent, comme font le bitum, le soulphre, l'ambre, l'ochre, & plusieurs semblables qu'on trouue auec les metaux: Au surplus lesdicts metaux s'engendrent de soulphre & de vif argent és veines de la terre, & s'estendent & attendrissent facilement, dont y en a de 2. sortes, l'vn est impur & moins parfaict, qui est ou tendre, comme le plomb, ou plus dur, comme le fer, & l'airain: l'autre est pur & plus parfaict, qui est derechef ou plus tendre comme l'or, ou plus dur comme l'argent: Auec lesquels on peut nombrer l'acier qui vient du fer, l'estain du plomb, & de l'argent, l'electre de l'or & de l'argent, le leton de l'airain:

Iusques icy a esté discouru sommairement des essences brutes & inanimees, s'ensuiuent les viues & animees, dont aucunes y a qui viuent par le benefice de nature seulement, aucunes ont les sens conioints auec, & aucunes sont capables d'intelligence & raison: Icy l'ame n'est autre chose que le commencement de la vie aux corps naturels & animez: D'où ces 3. differences des choses viuantes en sont procedees, à sçauoir vegetatiue, sensitiue, & intellectiue, ausquelles respondent ces 3. especes des choses viues, comme plante, beste, & l'homme: Les plantes donc viuent d'ame vegetatiue, non sensitiue, desquelles les vnes sont petites & basses comme l'herbe, & le sousarbreau: les autres sont grandes & hautes comme l'arbrisseau & l'arbre:

La vraye herbe donc est vne sorte de basse plante qui croist & vient fueillue sans aucun tronc depuis la racine, portant la semence aux petites branches ou en la tige: Pourtant elle peut estre commodément distribuee en erratique & sauuage, ou satiue & domestique: L'herbe erratique c'est celle qui prouient d'elle mesme, par tout és deserts, & principalement és lieux ou secs, comme aux montaignes, costaux, forests & vallees, ou és lieux aquatiques, humides, & vligineux: Mais les satiues & vrbaines sont celles qui prouiennent par le soing & trauail de l'homme en les semant ou plantant: Parquoy à cause de leur situation conuenable, les vnes sont domestiques, & de iardins qui seruent ou pour les aliments, & s'appellent franches & potageres: ou d'ornement, & plaisir par la diuersité des fleurs, verdure des fueilles, & l'odeur plaisante: Les autres sont champestres, qui sont ou de prairie, & naissantes en vignoble, ou elles sont de champ cultiué pour l'vsage necessaire des humains, comme les legumages, & bleds de diuerses sortes: Quant au sousarbreau il semble qu'il soit herbe arborescente, ayant beaucoup de petites branches & reiettons bocageux qui sortent de la racine ou de la tige mesme en petites fueilles menues, au reste tout semblable à l'herbe, comme saulge, hyssope, lauande, thym, &c.

L'Arbrisseau ou arbreau est vne sorte de haute plante mineure, qui se dresse & s'esleue branchue depuis la racine en plusieurs rameaux, comme groselier, rosier, espine vinette, troene, puine, & infinité d'autres: Mais l'arbre c'est vne sorte de haute plante majeure, & de grande croissance qui s'esleue & hausse de terre depuis la racine en vn tronc branchu, & abondant en plusieurs rameaux & sions, prouenans de son bon gré en diuers lieux, (comme a esté dit de l'herbe) ou par l'industrie & cultiuement de l'homme en plantant, ou entant, ou transplantant: Or il y a principalement 2. sortes d'arbre, à sçauoir fruictier, & sterile: l'arbre fruictier est celuy qui produict & porte le fruict humide ou à pelure & escorce tendre & delice, ayant des pepins dedans, comme pommier, poirier, coignier, cormier, figuier, &c: ou qui porte le fruict tendre & molle aucunement, mais il a vn dur noyau enclos dedans, comme cerisier, prunier, abricotier, peschier, oliuier, palmier, &c: ou qui a le fruict sec couuert d'escorce, & pelure dure comme bois, ainsi qu'amandier, nouyer, auellanier, couldrier, pinnier, &c. Ou moins dure, à sçauoir ceux qui portent des glands, comme chesne, chastaignier, fau, &c: Il y a d'autres arbres qui produisent des bayes, ou certains petis grains, comme meurier, arboisier, alisier, laurier, geneurier, houx, if, fusean, &c. Mais l'arbre sterile c'est celuy qui ne porte, ne produict aucun fruict, ains y en a aucuns d'iceux qui portent quelques petites graines ou semences, comme faict l'ormeau, plane, tilleu, charme, aulne, peuplier, &c. ceste sorte d'arbre sterile est vtile pour bastiment, ou pour chauffage, ou l'ombrage: Mais c'est assez traicté des especes & differences des plantes, s'ensuiuent les Animaux:

L'Animal est vne nature corporelle pleine de vie & sentiment: Il est imparfaict ou parfaict: l'Animal imparfait c'est celuy qui approche la nature des plantes & des animaux aucunement, & n'a qu'vn sens, ou à tout le moins qui n'en a que bien peu, comme toute sorte de plantanimaux, appellez en Grec Zoophytes, tels sont l'esponge, ortie, herisson, & truffle de mer: mais le vray & parfait Animant c'est celuy qui a tous les sens corporels, ou pour le moins qui en a la plus grande partie: Il y a 2. principalles especes d'iceluy, l'vne qui est priuee de raison, comme est la beste, l'autre qui est capable d'intelligence & de raison comme l'homme: La distribution speciale de toutes bestes est en celles qui se nomment insectes, ou en celles qui sont entieres: De ces 2. principalles especes de bestes, les vnes sont volatiles, ou aquatiles, & les autres terrestres, ou amphibies:

Les animaux insectes sont toutes sortes de bestelettes, dont aucuns ayans des pieds, volent auec des petis aislerons, & delices membranes, qui sont tous volatils, comme toute sorte de mousche, simple, à miel, guespe, cantharide, crabron, & autres: ou qui ont bien des pieds, mais ils ne volent point, comme le scorpion, tarande, araigne, chenille, &c: Les autres qui n'ont point de pieds, sont tous reptils, lesquels derechef sont ou aquatils, comme la sangsue, &c. ou terrestres, comme les vers de terre, ceux de fange ou de limon à sçauoir les escargots, ou de bois comme tiennes, les vers à soye, vermisseaux qui rongent les habillemens, vermines de chair, ciron, lende, poux, pulce, punaise, &c. Quant aux volatils entiers ou oiseaux les vns ont le pied plat & membraneux qui sont tous aquatiques, & hantans les eauës, comme cygne, oye, canard, plongeon, &c. Les autres ont le pied fendu, & diuisé en plusieurs doigts, aucuns desquels hantent aussi le long des eaux, & les marests, comme heron, butor, becassine, cigoigne, grué, &c. Aucuns sont viuans de proye qui volent ou de iour, comme toute sorte d'aigle, milan, faucon, vaultour, &c: ou de nuict, comme hibou, chathuan, cheuesche, hulote, &c. Aucuns sont paisibles & viuent ou de graines, ou de vermisseaux, ou de tous les deux: dont y en a des grands & des moyens, comme paon, faisan, bitarde, toute sorte de poulaille, perdrix, colombe, corneille, corbeaux, & autres infinis: ou des petis, comme rossignolet, roitelet, linotte, fauuete, verdiere, passereau, passe ressuscite, & infinité d'autres: Y en a aussi qui sont monstrueux & estranges, comme l'autruche, le phoenix, l'oiseau de Paradis, le pellican, & autres:

Entre les aquatils, les vns viuent dans l'eau seulement, & les autres tant en l'eau que sur la terre: Ceux qui hantent les eaux seulement, on les appelle proprement poissons, entre lesquels les vns ont du sang, les autres n'en ont point: Entre les poissons donc sanguins, aucuns sont couuerts d'escailles, & garnis d'arestes, comme carpe, bremme, perche, rosse, &c. Aucuns sont cartilagineux qui n'ont point d'escailles, ne d'arestes, dont y en a de 2. sortes, à sçauoir de longs & de plats, ou de figure serpentine, à sçauoir longs & ronds: Mais les grands poissons & monstrueux nommez cetacees ne sont point couuerts d'escailles, & n'ont aucunes arestes, ains sont tous couuerts de cuir ou de peau, comme baleine, marsoin, daulphin, &c. Entre ceux qui n'ont point de sang les vns sont mols, & ne portent aucunes escailles, n'espines ne peau dure, tels sont le poulpe, torene, seiche, &c. Les autres sont coquilleux, estans couuerts de dure escorce, & portans coquilles comme est toute coque d'huystre, ou bien qui ont dure escorce, mais cela est en maniere de plastron, comme escreuice, cancre, &c. Au demeurant toutes bestes terrestres sont reptiles, ou à quatre pieds, & amphibies: les reptiles sont celles qui rampent, & se trainent sur la terre, comme les vers, & serpens, dont y en a beaucoup d'especes:

Mais les bestes terrestres qui sont reptiles, ont 4. pieds ou fourchus, ou non fourchus: Celles qui ont le pied fourchu sont à cornes comme cerf, daim, cheureulx, cheure, bouc, bœuf, buffle, &c. ou elles ne sont point cornues, comme le pourceau, la brebis, &c. Les autres qui ne sont à pied fourchu, ont la corne du pied plaine sans fourcher, comme le cheual, asne, mulet, elephant, &c. Ou elles ont le pied fendu & diuisé en plusieurs parties, dont y en a aucunes qui sont grandes ou moyennes, comme Lyon, tigre, ours, loup, chien, &c. aucunes sont petites, comme rat, souris, taulpe, chat, belette, furon, escurieux, & infinité d'autres: Finablement les bestes à 4. pieds, qu'on appelle amphibies, sont animaux terrestres & aquatiques qui viuent en l'eau, & sur la terre, car ils cherchent leur victuaille en l'eau, & font leurs petis sur la terre, comme loutre, bieure, veau, & loup marins, &c.

Iusques icy a esté discouru de la nature de toutes sortes de bestes, reste la nature de l'homme, lequel est vne creature de Dieu, corporelle, sensible, capable de raison & d'intelligence, duquel les principalles parties sont le corps & l'Ame:

Le corps donc humain est vne des parties de l'homme qui est terrestre, caduque, le domicile & organe de l'ame, & de ses facultez, auquel on doit considerer 3. choses, sçauoir les membres, les humeurs & les esprits:

Quant aux membres, ils sont de deux sortes, les vns sont simples ou similaires, les autres composez ou dissimilaires & instrumentales, dont aucuns sont externes, & aucuns internes, qui sont derechef de trois sortes: Car les premiers sont nommez naturels, les seconds vitaux, & les troisiesmes animaux: On appelle humeur vn corps liquide & coulant composé de suc, que fournit le ventricule, & de la vertu chaleureuse du foye: Il y en a vne nommee premiere, l'autre seconde: la 1. se distingue en naturele, & supernaturele: la naturele est vtile, ou excrementeuse: l'vtile qui est portee és veines, est de 4. sortes, à sçauoir de sang, de phlegme, de melancholie, & de cholere: l'excrementeuse ou superflue est dure & liquide: La supernaturele s'eslongnant de la complexion naturele excede en quantité ou en qualité, ou en l'effect: la 2. qui conserue immediatement l'homme, se distingue en 2. sçauoir en humeur radicale, & nourrissante: Restent les esprits qui signifient icy spetialement vne pure, & subtile exhalaison estant vne deliee vapeur engendree de l'humeur, & seruant de siege à la chaleur du corps:

L'Ame raisonnable est vne substance spirituelle de l'vne des deux parties, dont est composé l'homme, laquelle est l'espiration de vie, qui se separe actuellement & entierement du corps, quand Dieu le veut, & neantmoins estant hors iceluy subsiste, & demeure immortelle:

En icelle on peut attribuer & assigner 4. facultez ou puissances communes à l'homme auec les plantes, & les bestes, à sçauoir 2. principalles, la vegetatiue, & sensitiue: les 2. autres moins principales, l'appetitiue, & *loco-motiue*: la 1. a pour especes & dependances la vertu generatiue, nutritiue, & augmentatiue: la 2. comprend les sens exterieurs, sçauoir la veuë, l'ouye, le flair, le goust, l'attouchement, & les sens interieurs qui sont l'imagination, le discours, le iugement, l'apprehension & la memoire: la 3. comprend la conuoitise, la vehemence, la consultation: la 4. c'est l'inclination, qu'on appelle locomotiue: Mais il y en a vne propre à l'homme seul qui est la rationelle, embrassant l'intelligence, la volonté, la resolution.

Qui en voudra sçauoir plus auant, ait recours aux naturalistes, & Medecins, & lise ceux qui ont escrit sur les disputes des Philosophes touchant l'ame raisonnable, & aussi les expositions des Theologiens, où il est parlé de la creation de l'Ame: Parquoy ce sera assez pour ceste fois.

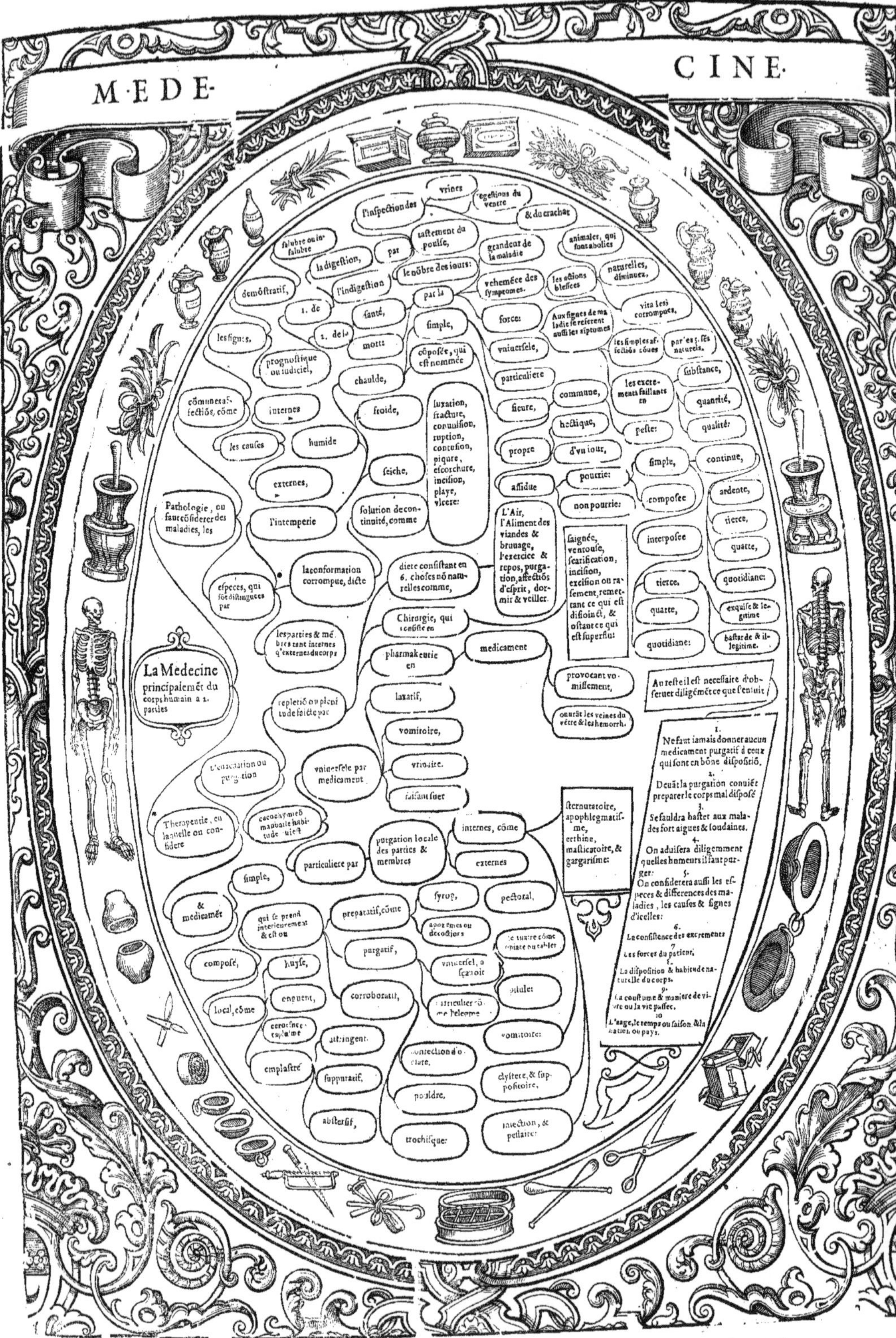

M·E·D·E-
C I N E·
l'inspection des
vrines
egestions du ventre
& du crachat
salubre ou insalubre
la digestion,
par
tastement du poulse,
grandeur de la maladie
animales, qui sont abolies
demôstratif,
l'indigestion
le nôbre des iours:
vehemêce des symptomes.
les actions blessees
naturelles, diminuez,
1. de
santé,
par la
force:
Aux signes de maladie se referent aussi les siptomes
vitales corrompues,
les signes.
2. de la
mort:
simple,
vniuersele,
les simples affectiôs côues
par les 5. sés naturels.
prognostique ou iudiciel,
côposée, qui est nommée
chaulde,
particuliere
les excrements faillants en
substance,
cômunes affectiôs, côme
internes
froide,
luxation, fracture, conuulsion, ruption, contusion, piqure, escorchure, incision, playe, vlcere:
fieure,
commune,
quantité,
les causes
humide
hectique,
peste:
qualité:
propre
d'vn iour,
simple,
continue,
externes,
seiche,
assidue
pourrie:
composee
ardente,
Pathologie, ou faut côsiderer des maladies, les
l'intemperie
solution de continuité, comme
non pourrie:
L'Air, l'Aliment des viandes & bruuage, l'exercice & repos, purgation, affectiôs d'esprit, dormir & veiller.
saignée, ventouse, scarification, incision, excision ou rasement, remettant ce qui est disioinct, & ostant ce qui est superflu:
tierce,
interposee
quarte,
especes, qui sôt distinguees par
laconformation corrompue, dicte
diete consistant en 6. choses nô naturelles comme,
tierce,
quotidiane:
quarte,
exquise & legitime
Chirurgie, qui consiste en
les parties & mébres tant internes q'externes du corps
quotidiane:
bastarde & illegitime.
pharmaceutie en
medicament
La Medecine principalemêt du corps humain a 2. parties
provocant vomissement,
Au reste il est necessaire d'obseruer diligêmêt ce que s'ensuit:
repletiô ou plenitude se faicte par
laxatif,
ouurât les veines du vêtre & les hemorrh.
vomitoire,
1. Ne faut iamais donner aucun medicament purgatif à ceux qui sont en bône dispositiô,
2. Deuât la purgation conuiét preparer le corps mal disposé
3. Se fauldra haster aux maladies fort aigues & soudaines.
4. On aduisera diligemment quelles humeurs il faut purger:
5. On considerera aussi les especes & differences des maladies, les causes & signes d'icelles:
6. La consistence des excrements
7. Les forces du patient,
8. La disposition & habitude naturelle du corps.
9. La coustume & maniere de viure ou la vie passee,
10 L'aage, le temps ou saison, & la nation, ou pays.
l'euacuation ou purgation
vniuersele par medicament
vrinaire.
faisant suer
sternutatoire, apophlegmatisme, errhine, masticatoire, & gargarisme:
Therapeutie, en laquelle on considere
cacochymie maauaise habitude
internes, côme
purgation locale des parties & membres
particuliere par
externes
simple,
syrop,
pectoral,
&
medicamêt
qui se prend interieurement & est ou
preparatif, côme
apozemes ou decoctions
purgatif,
composé,
huyle,
vniuersel, o sçauoir
pillules
local, côme
onguent,
corroboratif,
vomitoire:
astringent.
emplastre,
suppuratif,
confection d'o-
poudre,
clystere, & suppositoire,
abstersif,
trochisque:
iniection, & pessaire:

PARTITIONS DE LA MEDECINE.

MEDECINE c'est l'Art de bien medeciner & guerir generalement tout corps animé & vif,mais icy specialement entre autres celuy de l'homme:Elle a 2. parties, pathologique, &
Therapeutique:
Pathologie c'est la premiere partie de Medecine touchant les maladies, leurs communes affections, & differences: Maladie c'est vne affection contre nature, par laquelle
l'action est corrompue & viciee: Les communes affections de maladie sont premierement la cause,les signes, ausquels se referent les symptomes:
Or la cause de maladie c'est vne affection contre nature, qui precede la maladie,& l'excite:Il y a 2. manieres de cause de maladie,l'vne est interne,laquelle consiste au corps mesme,com
me sont les humeurs, qui sont affectees contre nature,& prouenans souuentesfois aussi du vice & corruption de la semence & sang maternel,ceste cy est appellee premiere & antecedente:
L'externe est ainsi nommee,par ce qu'elle vient par dehors, & est accidentalle & euidente, comme est le froid ou vn Scorpion piquant, &c.
Quand aux signes de maladie il y en a 2. sortes, l'vn est demonstratif, & l'autre prognostique ou iudiciel: Le signe demonstratif est salubre, ou insalubre: Le salubre demonstre la constitution naturelle du corps humain: L'insalubre denote la partie affectee ou malade,l'espece de la maladie,par laquelle l'action est corrompue,& la cause interne, qui precede la maladie:Mais
le signe prognostique ou iudiciel est de 3. manieres: Premierement de la digestion,ou de l'indigestion par l'inspection de l'vrine,egestion ou excrement du ventre,du crachat, le tastement du
poulce,& le nombre des iours:Secondement de la conualescence, ou de la mort par la grandeur de la maladie, vehemence des symptomes, & par les forces & vertus du malade:
Le Symptome ne signifie autre chose icy qu'vne affection & accident contre nature, qui suit la maladie ainsi que faict l'ombre le corps,qui est cause que plusieurs Medecins le nomment
Epigeneme, c'est à dire succedant: Les Symptomes sont differens en 3. manieres: car les vns sont nuisances des actions,animales,naturelles, & vitalles,qui sont ou abolies,ou diminues, ou
deprauees:les autres sont simples affections, qui se cognoissent par les sens exterieurs: les troisiesmes suiuent les vns & les autres par excessiues excretions, & retentions, comme sont les
excremens faillans en substance, quantité,ou qualité:
Au surplus les temps des maladies sont quatre en nombre, à sçauoir le commencement, l'augmentation ou l'accroissance, la vigueur ou l'estat, & la declination: Apres les communes
affections de maladie, il faut venir aux especes:
Il y a donc deux especes de maladie,car l'vne procede de l'intemperie maladieuse, l'autre de mauuaise conformation:L'intemperie de maladie est de 4. manieres,à sçauoir chaude, froide,
humide, seiche: L'intemperie chaude est simple, ou composee: Celle qui est simple derechef est vniuerselle, ou particuliere: L'intemperie chaude vniuerselle c'est vne inflammation sans
matiere:La particuliere est à l'endroit des reins, à la paume des mains, à la plante des pieds, en l'estomach, en la face, au deuant de la teste,au foye, & au ventre:Mais l'intemperie chaude,
qui est composee,c'est celle,qui a vne seicheresse ioincte, estant mise premierement au cœur,& se nomme fieure,c'est à dire immoderee chaleur contre nature,qui s'espand par tout le corps,
courant par les veines, & arteres, & prenant son origine & commencement au cœur, aussi blessant les actions du corps:
Il y a premierement 2. sortes d'icelle, l'vne est commune à tous comme la peste, l'autre est propre & familiere principallement à ceux, qui vsent d'vne mauuaise coustume & maniere de
viure,comme la fieure, ainsi proprement nommee: En icelle donc faut considerer les differences, auec leurs causes, & Symptomes:Or il y a trois principalles differences de fieure,à sçauoir
Hectique, iournelle, & continente:
La fieure hectique c'est vne ardeur contre nature, enflambee és parties nobles & solides du corps humain, qui a prins son siege au cœur, & occupe tout le corps: Mais combien qu'elle
n'ait qu'vn accés depuis le commencement iusques à la fin, on la considere toutesfois de trois manieres, selon la diuerse disposition du corps:
La fieure diaire ou iournelle c'est vne autre sorte de fieure, qui dure seulement vn iour, & procede d'vne euaporation ardente du cœur:
La continente c'est encore vne espece de fieure, qui consiste aux humeurs, (comme au sang & à la bile) & reuient de fois à autre, ainsi que le flus, & reflus de la mer: laquelle est diuisee
en pourrie,ou non pourrie: Celle qui est appellee pourrie c'est vne inflammation des humeurs, dont elle est appellee humorale & bilieuse, laquelle derechef est de 2. manieres, à sçauoir
simple, & composee: La simple est continue,ou intermittente: La fieure continue c'est quand la matiere estant accumulee au cœur, & aux parties voisines, elle est plus abondante, plus
visqueuse, & plus grosse: Et y en a de quatre manieres, à sçauoir ardente, tierce, quarte, quotidiane: La fieure continue,qui est ardente,c'est celle,qui estant plus enflambee, & deliee que
toutes les autres,a de deux iours en deux iours vne euidente aigreur & exacerbation: La cause d'icelle procede de grosse humeur bilieuse toute bruslee: La tierce continue c'est celle qui a
de trois iours en 3. iours l'aigreur fort manifestement, à cause de peu d'humeur cholerique liquide, & mobile,laquelle venant de deux iours en deux iours au lieu de l'embrasement, ard facilement, & faict grande flambe: La quarte continue c'est celle, qui en l'espace de deux iours n'estant pas si aspre, le quatriesme iour s'aigrit, à cause de fort peu de cholere suruenante aux
derniers accés: La quotidiane continue c'est celle qui a tous les iours des aigreurs & aspretez,& vient de phlegme salee,aussi est elle fort familiere,& commune aux petits enfans & aux fem-
mes:Quant est de la fieure pestilentiale,elle se rapporte aux continues: Mais la fieure intermittente ou interposee c'est celle, qui n'a pas la matiere si abondante, ne si grande, quant elle est
amassee au cœur & aux parties voisines: Toutes les differences de ceste-cy se reduisent à 3. à sçauoir tierce, quarte,& quotidiane, lesquelles sont toutes ou exquises & legitimes,ou bastardes
& illegitimes: La tierce exquise se fait quand,la bile passe se pourrit hors des vases,& est ainsi nommee, parce qu'elle a vn iour de relais & intermission,& reuient au 3. iour: La fieure quarte
intermittente a prins son origine de la bile noire pourrie hors des vases,& est ainsi nommee, par ce qu'elle à deux iours d'intermission, & reuient au 4. iour: La quotidiane exquise se fait,
estant la pittuite douce pourrie dehors les vases,& ainsi est nommee,pourautant qu'elle reuient tous les iours: La fieure continente, qui est composee, c'est quand ou icelles mesmes ou estans
differentes en genre & espece,se rencontrent l'vne l'autre,& qu'elles suruiennent en mesmes heures, ou en diuerses:Mais la fieure continente, qui n'est pas pourrie vient de sang enflammé,
duquel la plus petite partie qui est vne deliee vapeur,appellee Esprit, est enflammee:Quant au reste,les symptomes des fieures sont ardeur immoderee, lassitude, & contusion du corps,foi-
blesse ou debilité, agitation & esmouuement,assoupissement, difficulté de respiration, toux seiche, douleurs de reins,&c.
La maladie prouenant de mauuaise conformation ou disposition des membres s'appelle solution de continuité,dont y en a de plusieurs manieres: Car il y a dislocation,& fracture aux os,
rupture aux veines,conuulsion aux nerfs, escorcheure en la peau, contusion, piqure, incision ou coupure,playe, & vlcere en la chair, ou partie charneuse:
Au demeurant les autres passions douloureuses & speciales se distinguent par les membres & parties du corps tant interne, qu'externe: Car les vnes sont de la teste comme caterre, enroueure,rheume,migraine,estourdissement,
phrenesie,resuerie,lethargie, chauchepolet,epilepsie,paralisie,manie,teigne,&c. Des yeux comme la larme, ophthalmie, l'ongle, obscurité de veuë, ou offuscation, tache, &c. Des aureilles comme surdité, tintement, vermi-
culation,&c. Du nez comme punaisie & puanteur, poulpe,morte, & pituite des nazeaux,flux de sang,&c. De la face comme lentilles & taches de visage,couperoses,&c. Des dents comme pourriture, agassement, odontalgie, de-
mangeson, odontophye, &c. De la bouche comme petite tumeur & enflure,tonsilles,paralysie de bouche ou tortuosité, vlcere,esquinance, &c. De la gorge comme gœtre, De la poitrine comme la courte haleine, pleuresie, ou
maladie de costé, peripneumonie,crachement de sang,ou purulent & plein d'ordure, tremblement,de cœur,syncope,redondance de laict,& caillonnement,&c Du ventricule comme appetit perdu,appetit de chien & grande faim,
pie crudité,appetit de vomir,le hoquet,celiaque passion, &c. Du foye,comme hepatique,iaunisse,hydropisie,&c De la ratte comme la splenetique,&c. Des intestins comme flux de ventre, lienterie, dysenterie ou cagu sangue, tran-
chisons,les expressions,colique,iliaque passion, les vers,hemorrhoides,fic,&c. Des reins, & de la vesie comme nephritique,flux d'vrine,granelle des reins,la pierre,strangurie,difficulté d'vrine,suppression d'vrine,&c. Des genitoires
& membres honteux,comme priapisme,gonorrhie,songe venerique,hergne ou greueure & boyau aualé,&c. De la matrice comme la mere du ventre, & autres passions: des iointures à sçauoir ou des pieds comme podagre ou
goutte, des hanches,& des espaules sciatique, des mains chiragre,&c.
Les affections & tumeurs, ou enfleures contre nature du corps exterieur, sont comme froncle ou clou,chancre,lepre,le mal sainct Main, feu volage,dartres,gratelle, rongne, verole, rougerole, verrue,apostume, inflammation
charbon,peste,pourpre,sydetation,pustules, erysipeles ou feu sainct Anthoine, bubons,inflations,escroüelles,mules, sinuosité dure,loup,noli me tangere,grosse verole,&c.
Therapeutie c'est la 2. partie de Medecine touchant les remedes de chacune maladie: On faut considerer la purgation, & le medicament: La purgation ou euacuation est ou de plenitude, ou de cacochyme:
La purgation de plenitude ou repletion est ou par diete, ou chirurgie,ou pharmakeutie:
La diete ou regime de viure se doit ordonner petite & legere aux maladies appellees aigues & soudaines, comme sont pleuresie,fieure continue,&c. & plus ample à celles, qui sont longues & durent longuement, comme sont
fieures quartes,phthisie,epilepsie: A sçauoir à l'heure de l'intermission & repos,qui soit conuenable au medicament, & contraire à la maladie: Or la diete consiste en 6. choses non naturelles, comme l'air, les viandes, & breuuage,
l'exercice & repos,l'euacuation,les perturbations de l'esprit,le dormir, & veiller:
La Chirurgie gist & consiste en saignee, ventouse & scarification,incision,excision,remettant ce, qui est disioinct aux playes, vlceres, dislocations,& fractures & ostant ce qui est superflu aux enflures,& superfluitez:
La pharmakeutie est aux medicamens prouocans vomissement,& ceux, qui ouurent les veines du ventre & les hemorrhoides: Mais l'euacuation de cacochimie ou mauuaise habitude des humeurs est vniuerselle,& particuliere:
L'euacuation vniuerselle se fait par quatre manieres,à sçauoir par medicament laxatif,vomitoire,vrinaire,& sudatoire: L'euacuation particuliere se fait par purgations locales des parties & membres internes,ou externes: La purgatiõ
locale des membres & parties internes est principalement comme de la teste, du poulmon, de l'estomach, du ventricule, du ventre, & de la matrice: La teste se purge par sternutatoire,apophlegmatisme ou medicament que l'on mas-
che,errhine,masticatoire, & gargarisme: L'estomach, & le poulmon par medicament pectoral: Le ventricule par vomitoire: le ventre par suppositoire, & clystere: La matrice par pessaire, & iniection: Les parties externes sont preser-
uees & purgees de mauuaise habitude par quelques medicaments locaux & diaphretiques, c'est à dire qui discutent, euaporent & digerent comme pication, synapisme, vesicatoire, cautere, escharrotique, & ruptoire, &c.
C'est assez maintenant de l'euacuation ou purgation, ou faut noter deuant toute chose que l'vniuerselle precede tousiours la particuliere, à fin que les humeurs nuisantes ne soyent attirees d'ailleurs au lieu malade:
Quant au medicament, il s'en trouue de 2. sortes, à sçauoir simple, & composé: Les matieres de celuy qui est simple, sont prinses des plantes, ou des animaux, de leurs excremens & ouurages, de la terre,& des mineraux, aussi
de l'eaue: Mais il y a derechef 2. sortes & manieres de medicament composé,dont l'vn se prend interieurement, & l'autre s'applique exterieurement: Or l'ordre & methode de purger & medicamenter se doit commencer par les
remedes & medicaments qu'on prend interieurement, à fin que la cause antecedente estant premierement ostee, on vienne puis apres à la correction du mal, qui est suruenu: Il y a donc 3. sortes de medicament,qui se prend interieurement,à sçauoir preparatif,purgatif & corroboratif:
Les medicamens preparatifs sont ceux, qui font meurir, & digerer les matieres inutiles, pour les ietter hors, comme syrops, conserues,& apozemes ou decoctions: ceux qui sont purgatifs font sortir & ietter hors la matiere,
qui est preparee par les autres cy-dessus nommez & sont vniuersels & particuliers:
Les medicaments purgatifs vniuersels sont comme electuaires, & pilules: Les electuaires sont liquides comme opiates, & solides comme tablettes en forme de lozange:
Les pilules sont la plus part en forme ronde: Mais les medicaments purgatifs particuliers sont comme elegmes ou loho, qui sont pour arrester les fluxions, qui tombent en l'artere ou sifflet du poulmon, mesmement sus ledit
poulmon, & les autres parties de la poictrine ou estomach: Les medicaments corroboratifs sont ceux,qui restaurent les forces debilitees par la purgation vniuerselle & particuliere, & beaucoup plus par la grandeur de la maladie,
outre plus ils guerissent & ostent les obstructions, & intemperies qui sont demeurees aux intestins: D'auantage ils chassent aussi les symptomes de maladie (comme douleur, veilles, flux de ventre, syncope) tels sont les con-
fections d'opiate,pouldres,& trochiscs:
Les autres medicaments composez, qui s'appliquent exterieurement, nommez autrement locaux sont tels, à sçauoir huyles, onguents, ceroesnes, cataplasmes, epithemes, fomentations, estuues, bains, emplastres qui sont de trois
sortes,à sçauoir astringents ou restraintifs, suppuratifs, ou mondificatifs, & abstersifs: Mais c'est assez parlé & discouru pour le present des sortes de medicament, il reste d'obseruer diligemment ce qui s'ensuit:
Premierement d'auoir esgard sur tout de ne donner iamais aucun medicament à celuy qui est en bonne disposition, 2. deuant la purgation preparer le corps valetudinaire, & qui est en mauuaise disposition: 3. se haster aux maladies fort soudaines & aigues: 4. aduiser diligemment quelles humeurs il faudra purger: 5. considerer les especes & differences desdictes maladies, auec leurs causes, & signes: 6. la consistence des excremens: 7. les forces & vigueur du
patient: 8. la disposition & habitude naturelle du corps: 9. la coustume & maniere de viure, ou la vie passee: 10. & finalement l'age, le temps ou saison, le pays ou la nation, &c.

CC

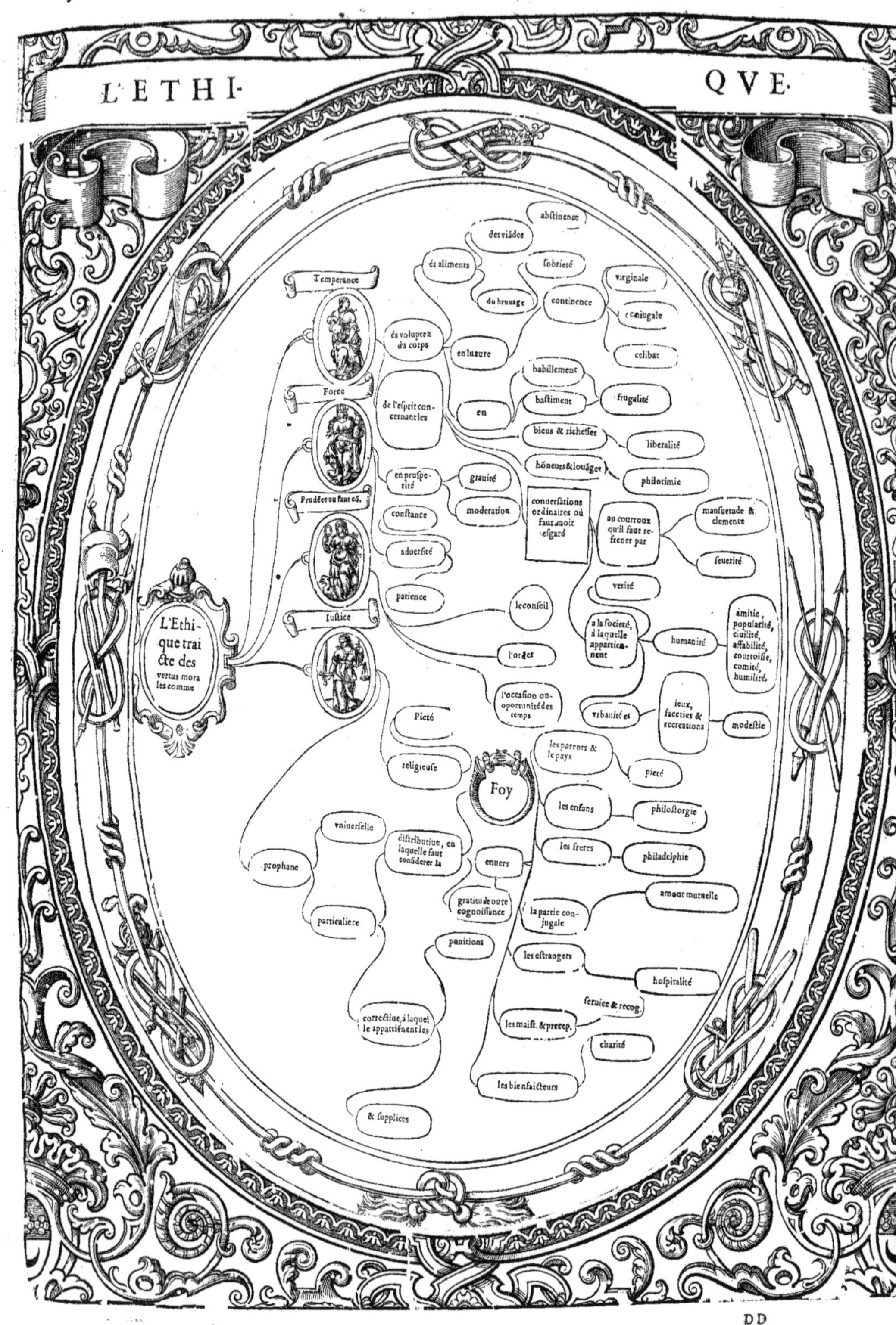
L'ETHIQVE.
L'Ethique traicte des vertus morales comme
Temperance
Force
Prudéce ou faut cō.
Iustice
és voluptez du corps
és aliments
des viādes
abstinence
sobrieté
du bruuage
en luxure
continence
virginale
coniugale
celibat
de l'esprit concernant les
en
habillement
bastiment
frugalité
biens & richesses
liberalité
hōneurs&louāges
philotimie
en prosperité
grauité
moderation
constance
aduersité
patience
conuersations ordinaires où faut auoir esgard
au courroux qu'il faut refrener par
mansuetude & clemence
seuerité
verité
le conseil
à la societé, à laquelle appartienent
humanité
amitie, popularité, ciuilité, affabilité, courtoisie, comité, humilité.
l'ordre
l'occasion ou oportunité des temps
vrbanité es
ieux, facecies & recreations
modestie
Pieté
religieuse
Foy
les parents & le pays
pieté
les enfans
philostorgie
les freres
philadelphie
enuers
la partie coniugale
amour mutuelle
les estrangers
hospitalité
les maist. & precep.
seruice & recog.
les bienfaicteurs
charité
gratitude ou recognoissance
distributiue, en laquelle faut considerer la
vniuerselle
prophane
particuliere
correctiue, à laquelle appartiénent les
punitions
& supplices

PARTITIONS DE L'ETHIQVE.

ETHIQVE ou Morale, c'est l'Art de bien & heureusement viure selon vertu: Elle se diuise en 2. parties, à sçauoir generale & speciale:

La premiere traicte, & enseigne generalement que c'est des vertus morales, selon lesquelles toute personne peut façonner & reigler sa corporelle vie humaine pour viure honnestement & vertueusement en ce monde.

Or vertu, c'est vne habitude electiue de l'esprit qui consiste en mediocrité: dont y en a 2. especes premierement, l'vne appropriee à l'entendement, comme prudence & sagesse, l'autre à la volonté:

Prudence, c'est la premiere sorte de vertu, qui gist à cognoistre, & sçauoir la verité, & à vne grande viuacité d'esprit, en laquelle y a vne diligente recerche, & manifeste cognoissance de ce qui est vray, & cela est le propre de ceste vertu là: car selon qu'vn chacun peut cognoistre ce qui est tres-veritable en chaque chose, & qu'il le peut veoir auec grande hastiueté, & subtilité d'esprit, & quant & quant exposer la raison, & la cause d'icelle, communément on l'estime, & ce à bon droict tres-prudent & tres sage: Et pourtant cestuy-là a pour son subiect, lequel il traicte, & auquel il s'applique, verité: Or toute nostre pensee, & tous les mouuemens de nostre esprit consistent à prendre conseil pour faire choses vertueuses, & appartenantes à bien & heureusement viure, ou apprendre & cognoistre quelque chose: Il nous faut donc icy considerer principalement le conseil, l'ordre & l'occasion: Car les choses qui se font par conseil sont faictes & ordonnees beaucoup mieux que celles-là qui sont gouuernees & administrees temerairement & sans conseil: Pareillement on doit auoir esgard à l'ordre des choses, & à l'opportunité des temps: Car il faut garder vn tel ordre en toutes nos actions, que tout ainsi qu'en vn propos continuel, aussi en nostre vie toutes choses s'accordent entr'elles, & soyent semblables les vnes aux autres: Ces choses ayans esté ainsi deduictes, ie pense qu'on peut bien maintenant entendre que c'est de prudence:

L'autre espece de vertu qui consiste en la volonté, à sa propre matiere en son vray obiect, & se refere ou à son habitude, dont elle parfaict l'esprit, & le rend vrayement paisible, ou aux autres: Celle qui se rapporte à son habitude, consiste en volupté & plaisir, ou en crainte & hardiesse: Mais il y a deux sortes de volupté, l'vne est du corps, & l'autre de l'esprit: Pour bien moderer la volupté, & plaisir corporel, c'est la vertu de temperance, laquelle consiste en la conseruation d'vn bon ordre & bonne mesure de tous nos faits & dits, aussi est elle gouuernante de toutes les affections & cupiditez charnelles, & ennemie des appetits desordonnez, nous admonestant que nous suiuions la raison, quant nous cognoiterons, ou refuserons quelque chose, laquelle apporte vn repos & tranquillité à nos esprits, les appaise & adoucit quasi comme par vn mesme accord & consentement: Or la Temperance s'estend tant enuers les aliments, habits, & bastiments, qu'aussi en luxure & plaisir charnel: La Temperance au manger, & aux viandes se nomme abstinence, comme sobrieté au boire, & frugalité ou attempance, aux habits & edifices: celle qui modere la luxure ou paillardise se peut appeller proprement continence, & chasteté, qui est ou virginale, ou coniugale, ou celibat: Mais il est temps que nous passions des voluptez charnelles à celles de l'esprit, lesquelles procedent ou de richesse, ou de loüange, ou de la conuersation ordinaire & accoustumee:

La beneficence & liberalité concerne les biens & richesses, à laquelle il n'y a rien plus conuenable, & qui s'accorde mieux à la nature de l'homme: Mais elle a beaucoup d'obseruations, & considerations:

En premier lieu il se faut donner garde, que la liberalité ne nuise, & à ceux mesmes à qui on la pretend de faire, & aux autres:

En apres que la largesse ne soit plus grande, que les facultez ne le portent: Pour le dernier, qu'elle se face selon l'estat, & dignité de celuy à qui on la faict: En quoy il faut considerer quelles sont les meurs, quelle est l'affection qu'il nous porte, quelle familiarité & accointance nous auons auec luy, & s'il ne nous a point fait quelque plaisir auparauant: Or il y a 6. degrez en la societé humaine, le 1. est de tous les hommes, le 2. de la mesme nation, le 3. de la mesme ville, le 4. de ses parents, le 5. de ses amis, le 6. de son pays: Mais s'il est question de faire vne conference & comparaison de ceux, ausquels nous deuons faire le plus de plaisir & seruice, nous trouuerons que ce sont nostre pays, & nos peres & meres, aux plaisirs & benefices desquels nous sommes grandement tenus & obligez, tost apres sont nos enfans & toute nostre famille, il y a puis apres les parens & amis.

La vertu qui gist en loüange, & bonne renommee, se nomme en Grec Philotimie, c'est à dire conuoitise de gloire & d'honneur: Car l'homme de bien & vertueux ne doit pas refuser l'honneur, loüange, & bon renom, par ce que le plus souuent ils accompagnent & suiuent les bonnes œuures, & honnestes actions: Mais le vray fondement pour auoir bonne reputation, c'est d'estre iuste: Car sans iustice on ne peut rien faire, qui soit digne de loüange.

En la frequentation & hantise ordinaire on peut considerer deux choses, à sçauoir le courroux & la grande familiarité qu'on a ensemble: Or il y a 2. vertus qui moderent le courroux, à sçauoir la douceur & la seuerité, desquelles celle là est en ne se point venger, celle cy en vengeance: Pourtant il n'y a rien digne de plus grande loüange, ny plus conuenable à vn excellent personnage, qu'humanité, & clemence: Et toutesfois il faut estre tellement doux & clement, qu'on conioigne quant & quant vne seuerité & rigueur, à cause de la charge qu'on a de la republique, sans laquelle on ne pourra iamais bien gouuerner vn peuple: Et sur tout en punissant, il se faut donner garde de cholere: Car celuy, qui estant courroucé voudra punir quelqu'vn, ne gardera iamais ce milieu, qui est entre trop & peu: Il aduient aussi quelquesfois qu'il faut vser necessairement de reprehensions, esquelles il faudra parauenture hausser sa voix, & vser de mots graues & aspres: Il le faut faire aussi en telle sorte qu'il ne semble pas que nous soyons courroucez, mais tout ainsi que quand il est question d'appliquer le cautere, de couper quelque partie du corps pourrie, ainsi aussi de ceste sorte de reprehension il en faut vser rarement, & par contrainte: & ne le faut iamais faire sinon par necessité, & si on ne trouue point d'autre remede: Mais toutesfois que cela se face sans cholere, auec laquelle on ne peut faire rien comme il appartient, ny considereement: Pour le plus souuent, il faut vser d'vne douce reprehension, à laquelle toutesfois il faut conioindre vne grauité, à fin que l'on y garde quelque seuerité, & qu'on ne face point d'iniure, ny d'outrage à celuy qui est repris: Voyla touchant ceste matiere: Les trois vertus qui appartiennent à la societé & compagnie qu'ont les hommes les vns auec les autres en ceste vie, sont verité, humanité, & vrbanité: Cela donc qui est veritable, simple, & entier, est tres-conuenable & propre à la nature de l'homme: aussi la verité a eu de tout temps si grande authorité & puissance, qu'elle n'a peu estre subuertie par aucunes machinations, ou entendemens, & artifices humains: Et encore qu'elle n'eust point de protecteur n'y d'Aduocat, neantmoins peut assez d'elle mesme se deffendre:

L'autre vertu qui doit estre en la societé humaine, nous auons dit que c'est humanité ou amitié, laquelle on peut aussi mesmement appeller accointance, familiarité, popularité, ciuilité, affabilité, ou gratieuseté de parolle, & humilité: C'est vne chose donc impossible de dire combien c'est que la douceur, & bonne grace qui est au langage, duquel nous vsons en nostre deuis familier, gaigne & attire à soy les cœurs des hommes: Parquoy il semble que ceux là enseignent fort bien, qui admonestent, que tant plus on est esleué en haute dignité, tant plus aussi se doit on monstrer humble & modeste:

Il reste la troisiesme, vertu qui se trouue en la societé humaine, à sçauoir vrbanité, laquelle consiste aux ieux, esbats, recreations, & resiouïssance ou passetemps: Or nature ne nous a pas mis au monde, comme si nous n'estions creez à autre fin, que de prendre nos plaisirs & esbats, mais plustost à seuerité & modestie, & à quelques applications plus grandes & plus graues: Il est bien permis toutesfois d'vser de ieu & recreation, mais c'est tout ainsi que du dormir, & autre repos, c'est à sçauoir apres que nous aurons satisfaict aux choses graues & serieuses: Et le ieu mesme, duquel nous vsons, ne doit point estre dissolu, n'immoderé, mais honneste, & plaisant:

Iusques icy nous auons parlé des vertus, qui sont en la volupté charnelle, & de l'esprit, s'ensuit celle qui concerne la crainte & hardiesse, appellee par les Philosophes force ou vaillance, laquelle est vne sorte de vertu consistante en grandeur & force, d'vn courage haut & inuincible, qu'on peut bien aussi nommer droitement magnanimité: En laquelle faut considerer les obiects & especes:

Les obiects de ceste vertu, ce sont tous dangers & hazards, d'aduantage toute prosperité & aduersité: Car en cela se veoit ce qui baille ainsi grand cœur, & faict qu'on mesprise les accidens qui ont accoustumé d'aduenir aux hommes: Pourtant force & magnanimité a deux especes, dont l'vne gist en prosperité, l'autre en aduersité: On veoit en prosperité la grauité, & attempance, qui faict que quand nous sommes en prosperité, & que toutes choses nous viennent à souhait, il se faut bien donner garde, que nous ne deuenions hautains, desdaigneux & arrogans: Car c'est aussi bien vne legereté de ne sçauoir pas garder mesure, quand on est en prosperité, que quand on est en aduersité: Car c'est vne fort belle chose que de garder tousiours vne mesme teneur en toute sa vie, & auoir tousiours vn mesme visage, & ne changer iamais: Mais en aduersité la constance se cognoit en y remediant deuant qu'elle arriue, ou en s'opposant, & souffrant quand elle est aduenue: & c'est aussi vne chose de grand cœur, & qui demande vne grande constance que d'endurer tellement les choses, que nous trouuons ameres & fascheuses, desquelles il y a vn grand nombre & diuersité en la vie & condition des hommes, que tu demeures tousiours en vn mesme estat & disposition, & que tu ne faces rien qui contreuienne au degré, & à la dignité, laquelle tient vn homme sage: D'où cela est aduenu qu'on a appellé telle vertu, patience: Car il se peut veoir vne grande loüange & admirable de n'estre point esmeu, ny troublé par les aduersitez, & de ne descheoir point de son degré, & dignité, par ie ne sçay qu'elle peur ou crainte comme on dit communement, mais estre tousiours mené d'vn courage grand & inuincible, & ne s'eslongner iamais de raison & d'equité: Mais c'est assez discouru des vertus qui se rapportent à l'habitude, s'ensuit maintenant que nous disions de iustice, laquelle se refere aux autres:

Iustice c'est vne vertu dame maistresse & royne de toutes vertus, qui consiste en la tuition & conseruation de la societé, & amitié des hommes les vns enuers les autres, & comme quasi la communauté de ceste vie: Item au droit, & au tort: & s'exerce en rendant à chacun ce qui luy appartient, & gardant foy & loyauté aux contracts, & marchez qu'on a faicts: La premiere chose donc, & le premier poinct, qui est requis pour estre iuste & equitable, c'est qu'on ne face tort à personne: En icelle vertu de iustice il faut considerer 2. choses, à sçauoir le subiect, & les especes. Le subiect de iustice c'est la societé humaine:

Quant aux especes, il y a iustice diuine ou religieuse, & prophane ou humaine: Celle là s'appelle Religion ou pieté enuers Dieu laquelle ainsi qu'elle est tres-digne de toute loüange, semblablement la superstition qui luy est contraire, & doit estre vitupere & bannie: & comme la superstition doit estre reiettee, pareillement aussi l'impieté:

La iustice prophane & humaine est ou vniuerselle, en laquelle se monstre principalement la beauté & splendeur de vertu, par le moyen de laquelle nous sommes appellez gens de bien: Où elle est particuliere, laquelle derechef est ou distributiue, ou correctiue: En la distributiue faut considerer la foy, & gratitude ou recognoissance:

Le fondement donc de toute iustice c'est foy & loyauté, c'est à dire la fermeté, & verité de nos promesses, & de nos accords, & soyons asseurez que ce mot de foy vient de là, qu'on fait ce qu'on a promis: Mais elle n'est pas toute de mesme sorte. Car elle est ou enuers ses peres & meres, ou sa nation & pays, qui se peut nommer aussi pieté, laquelle est le fondement de toutes vertus, ou enuers ses enfans, qui est nommee Philostorgie, & est amour naturelle enuers eux, ou Philadelphie, c'est amour fraternel enuers ses freres, ou l'amour mutuel des gens mariez enuers sa partie coniugale, ou hospitalité enuers les estrangers, ou seruice & recognoissance enuers ses maistres & precepteurs du plaisir & bien qu'on a receu d'eux, ou benignité enuers ses bienfaicteurs, douceur & humanité ou charité enuers les siens, brief enuers tous equité & droicture: Car il n'y a chose, à laquelle nous soyons plus tenus, que de rendre la pareille à ceux qui nous ont fait plaisir & seruice: A la iustice correctiue appartiennent les punitions des crimes ou forfaicts, aussi les supplices: Car Solon disoit sagement, qu'il y auoit deux choses comprinses en la repub. à sçauoir le salaire & la punition.

Mais c'est assez declaré toutes les especes & differences des vertus morales, s'ensuit la 2. partie de l'Ethique, laquelle traicte specialement du gouuernement de menage ou de la police publique: Ceste 2. partie donc est subdiuisee en Economique & Politique:

L'Economique c'est celle, qui traicte seulement du gouuernement de menage & de la famille, & qui enseigne la maniere de bien menager:

En icelle faut considerer le subiect, & les differences: Son subiect, c'est l'Economie, qui est à dire le gouuernement & conduite des affaires de la maison:

Il y a premierement 2. differences de l'Economie, à sçauoir priuee ou domestique, & publique ou commune: L'Economie domestique est coniugale, paternelle, dominicale & acquisitiue: En ceste derniere est remonstré comment les biens & richesses se doiuent acquerir par des moyens qui soyent eslongnez de vilennie & turpitude, & quant on les a, doiuent estre conseruez par vn bon soin & diligence, & aussi par espargne, & estre augmentez par mesmes moyens, en outre qu'on ne s'en serue pas à les superfluitez & plaisirs desordonnez, mais plustost à largesse & liberalité: Au demeurant l'Economie commune est ou de societé, ou de court comme de seigneurie, principauté & royauté, ou de camp & d'armee:

La politique enseigne & monstre la maniere de bien administrer la republique par bonnes loix, ordre & police, & de bien dresser & conduire à vne vie heureuse & bien conditionnee ou moriginee tant les superieurs & magistrats, qu'aussi les inferieurs subiects & populaire: Il faut donc considerer en ceste societé politique les parties & especes de la police, c'est à dire le faict & gouuernement de republique, qui consiste en l'estat & certain ordre des personnes & des affaires publiques, estant en vne assemblee generale de gens congregee par les loix: Nous dirons donc sommairement & en passant vn mot de chacunes parties des personnes & des affaires de la republique, en laquelle quant elle est bien policee & ordonnee, l'estat des personnes est publique, ou priué:

L'estat public des personnes, c'est celuy qui est estably & constitué en magistrat ciuil & ecclesiastique: Or iadis plusieurs sortes de Magistrats ont esté entre les Romains, & y a des loix faictes & ordonnees touchant les Consuls, ediles ou escheuins, conseurs, preteurs, dictateurs, iuges, tribuns, questeurs ou receueurs generaux, & Senateurs: Voyla en bref des personnes publiques, s'ensuit que nous disions aussi quelque chose du populaire & citoyen:

Entre le populaire il y a 3. ordres & degrez d'estat comme seruateur, cheualier ou noble, & plebeien ou roturier: Le citoyen ou bourgeois, c'est celuy qui est amateur de son pays, & desire que tout homme de bien soit maintenu & conserué en son estat: Mais entre les personnes priuee, il faudra considerer ceux qui sont remarquables en noblesse & vertu, en richesses, és arts militaires ou liberaux comme Philosophes, Medecins, Iurisconsultes & Theologiens: ou mechaniques & communs comme artisans, marchans, manouuriers, mercenaires, seruiteurs, &c. C'est assez touché de l'estat des personnes, venons aux affaires publiques que contient la police, en laquelle conuient considerer l'estat de la republique, les assises, assemblees generales, les sieges de iurisdiction, les droicts & loix, les contracts & accords, les crimes & forfaicts, les iugemens, sentences & arrests:

Au surplus quant aux especes & differences de l'estat de la police publique, il y en a 3. principalles, à sçauoir Monarchie ou Aristocratie, & Democratie: Monarchie est le gouuernement, puissance & authorité d'ordonner & commander en souuaineté par vn seul Prince: Aristocratie, c'est vne autre sorte de gouuernement de peu de personnages qui sont les principaux, illustres & plus signalés d'entre le populaire, tant en noblesse que richesse Democratie c'est encore vne autre sorte de gouuernement, que le peuple a de soy, & de sa republique sans auoir autre superieur ou gouuerneur, que les officiers qui sont creez & establys de par luy: Lesquelles trois formes de gouuernement de republique ne pretendent, & regardent qu'au bien, proufit & aduancement publique.

EE

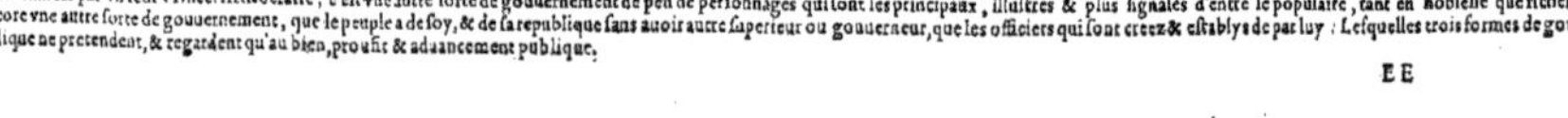

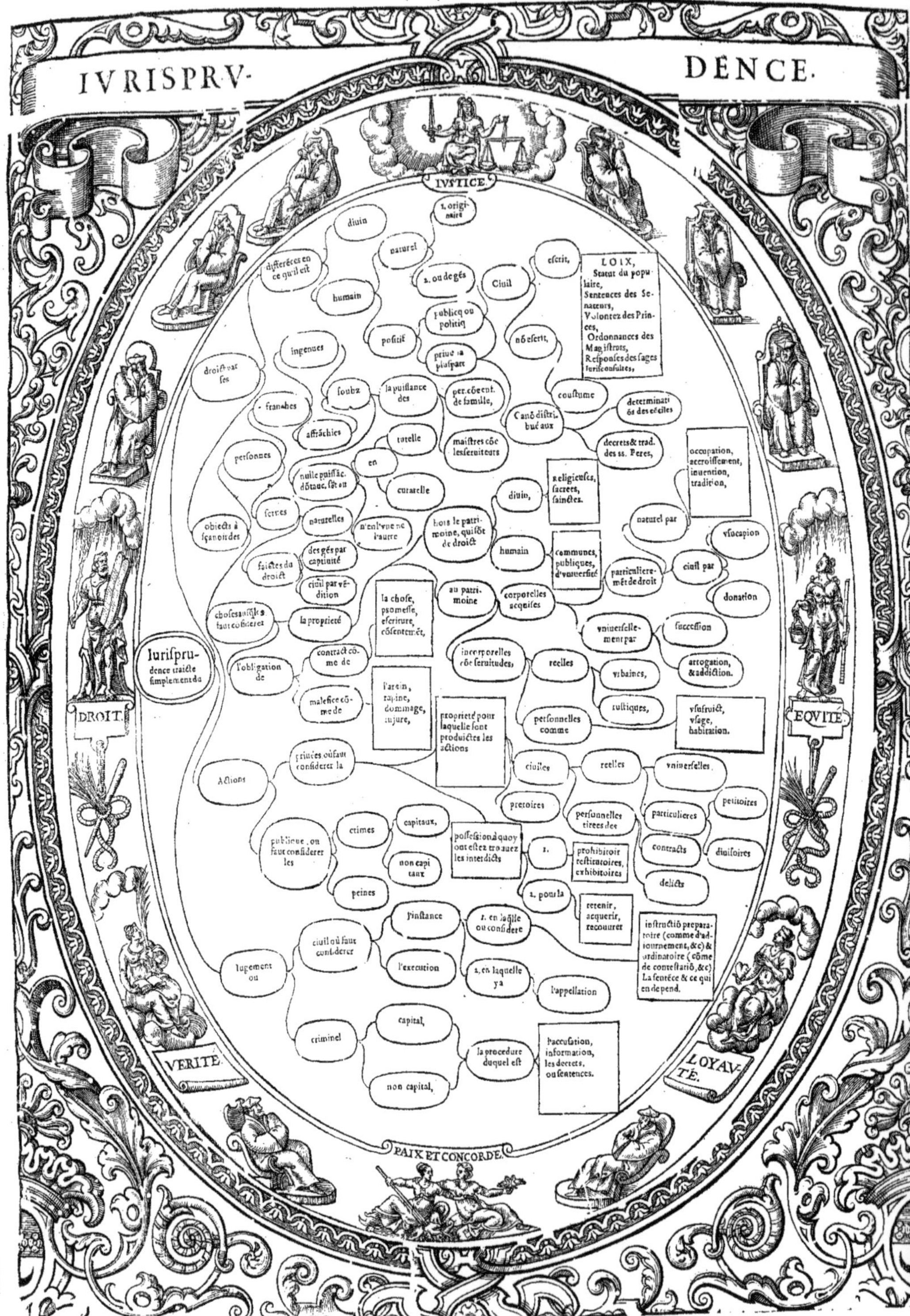
IVRISPRV-
DENCE.
IVSTICE
1. origi-
naire
diuin
naturel
differẽces en
ce qu'il est
humain
2. ou degẽs
escrit,
Ciuil
LOIX,
Statut du popu-
laire,
Sentences des Se-
nateurs,
Volontez des Prin-
ces,
Ordonnances des
Magistrats,
Responses des sages
Iurisconsultes,
publicq ou
politiq
positif
priue ia
pluspart
nõ escrit,
ingenues
droict par
ses
soubz
la puissance
des
per. cõcent.
de famille,
coustume
franches
affrãchies
Canõ distri-
bué aux
determinati
õs des cõciles
tutelle
en
maistres cõe
les seruiteurs
decrets & trad.
des ss. Peres,
personnes
nulle puissãc.
dõtauc, sõt ou
curatelle
occupation,
accroissement,
inuention,
tradition,
diuin,
religieuses,
sacrees,
sainctes.
serues
naturelles
n'en l'vne ne
l'autre
hors le patri-
moine, quisõt
de droict
naturel par
vsucapion
obiects à
sçauoir des
humain
communes,
publiques,
d'vniuersité
faictes du
droict
des gẽs par
captiuité
particuliere-
mẽt de droict
ciuil par
ciuil par vẽ-
dition
donation
la chose,
promesse,
escriture,
cõsentemẽt,
au patri-
moine
corporelles
acquises
choses aus-
faut cõsiderer
la propriete
vniuerselle-
ment par
succession
Iurisprudence traicte simplement du
l'obligation
de
contract cõ-
me de
incorporelles
cõe seruitudes,
reelles
arrogation,
& addiction.
vrbaines,
larcin,
rapine,
dommage,
iniure,
malefice cõ-
me de
rustiques,
proprieté pour
laquelle sont
produictes les
actions
personnelles
comme
vsufruict,
vsage,
habitation.
DROIT.
EQVITÉ
priuees ou faut
considerer la
ciuiles
reelles
vniuerselles.
Actions
pretoires
petitoires
crimes
capitaux,
personnelles
tirees des
particulieres
publicque, ou
faut considerer
les
possession à quoy
ont estez trouuez
les interdicts
1.
prohibitoir
restitutoires,
exhibitoires
contracts
diuisoires
non capi
taux
delicts
peines
2. pour la
retenir,
acquerir,
recouurer
l'instance
1. en laqlle
on considere
instructiõ prepara-
toire (comme d'ad-
iournement, &c) &
ordinatoire (cõme
de contestatiõ, &c)
La sentẽce & ce qui
en depend.
ciuil où faut
considerer
Iugement
ou
l'execution
2. en laquelle
ya
l'appellation
capital,
criminel
la procedure
duquel est
l'accusation,
information,
les decrets,
ou sentences.
non capital,
VERITE
LOYAV-
TÉ.
PAIX ET CONCORDE.

SOMMAIRE DE LA IVRISPRVDENCE.

IVRISPRVDENCE est l'art & science de droict, lequel se considere en general & en particulier, ou special : generalement en le distinguant par ses differences, le prenant
comme droict diuin ou humain:
Droict diuin c'est tout ce que Dieu a commandé, permis, ou deffendu, cóme sont tous les cómandemés & preceptes des oracles diuins, cótenus au vieil & nouueau testamét:
Droict humain ou positif, c'est toute necessaire obseruance, qui est introduicte ou establie par nature, les mœurs & coustumes, ou l'authorité des hommes pour le bien & l'e-
quité : & est publiq ou priué : Le publicq concerne l'estat de la republique, comme les constitutions de la reuerence de la religion, & des magistrats :
Le priué appartient principallement à l'vtilité de chacun particulier : & est recueilly des preceptes du droict naturel, ou legitime & politique : Le droit naturel est premier ou second:
Le droit naturel c'est celuy que nature a donné à cognoistre à tous animaux : & de cestuy descend la conionction du masle & de la femelle, le mariage, la procreation & education des en-
fans : Le second est dict des gens, ou humain, qui est celuy que la raison naturelle a constitué entre toutes persones: & d'iceluy sont sorties les guerres, ensuiuies les captiuitez & seruitudes,
& quasi tous les contracts, commerces, auec la deffence & conseruation raisonnable de soy mesme, ont esté mis en auant & receus:
Droit legal ou positif, commun de toute cité, cest celuy, qui a la raison conioincte auec soy, combien qu'elle ne s'exprime ne reçoiue pour autre cause, que pour l'authorité de ceux qui
l'establissent : & pourtant le droit ciuil, & canonique se peuuent bien appeller droit de police ou cité : Droit ciuil c'est celuy, qui est estably en aucune republique par le consentement du
peuple & des citoyens pour la necessité publique, & le cas suruenant, & requerant, lequel a eu source & origine des citez d'Athenes, & de Lacedemone:
Droit canonique c'est celuy, qui est approuué, & diuulgué par les pontifes souuerains pasteurs, & prelats de l'Eglise vniuerselle & Chrestiéne, lequel comprend toute la discipline, ordre &
police Ecclesiastique: & se distribue en 2. membres, à sçauoir aux statuts & determinations des Conciles generaux, & aux traditions, decrets & rescrits des S. Peres & Papes. Le droit ciuil est
escrit, ou non escrit : Droit escrit c'est la loy, statut du populaire, sentence des senateurs, plaisir & volonté des Princes, edits & ordonnances des magistrats, responces & authorité des sages
Iurisconsultes & Legistes : Droit non escrit c'est celuy, que l'vsage a approuué : car comme la loy se monstre publiquement, ainsi apparoist la coustume par tacit consentement du peuple:
Or il conuient sçauoir que specialement le droit ciuil des Romains, duquel on vse és iugements, appartient ou aux personnes, ou aux choses, ou aux actions :
Aux personnes se rapportent l'estat & condition des hommes, la puissance paternelle, & l'adoption: Aux choses la diuision & qualité d'icelles, & les manieres d'acquerir domaine ou quasi
obligations, ou quasi aux actions appartient l'ordre & procedure iudiciaire : Quant au droit des personnes, tous hommes & femmes sont ou francs, ou serfs.
Les hommes francs & libres sont ceux, qui ont licence & faculté naturelle de faire tout ce qui leur plaist, sinon ce qui est deffendu de force, ou de droit:
Les serfs ou esclaues sont ceux, qui par la constitution du droit des gens contre le droit naturel, sont sousmis sous la puissance & seigneurie d'autruy ; lesquels naissent des serues, ou sont
faits du droit des gens, c'est à dire par captiuité, ou du droit ciuil par vendition : En la condition d'iceluy n'y a aucune difference, mais quant aux francs & libres y a plusieurs differences:
car ils sont appellez ou ingenus, ou libertins : L'ingenu c'est celuy qui est libre & franc incontinent qu'il est né en mariage :
Libertins ou affranchis & deliurez de seruitude, qu'on appelle manumis, ou emancipez, sont ceux qui ont esté serfs, & sont venus en liberté, estans mis hors de iuste seruitude :
Les hommes libres derechef sont ou tous sous la puissance d'autruy, ou iouyssans de leurs droits:
Ceux qui sont en la puissance d'autruy, sont en la puissance de leurs peres, comme les enfans de famille, & leurs descendans, ou en la puissance de leurs maistres & Seigneurs, comme les
seruiteurs, & subiets : Mais entre ceux, qui ne sont sous la puissance paternelle, les vns sont ou en tutelle, ou curatelle ordinaire ou extraordinaire, & les autres n'en l'vne, ne l'autre:
Tutelle c'est vne puissance de droit ciuil sur l'homme franc pour deffendre celuy, qui par le moyen de son aage soy-mesme ne se peut deffendre, laquelle est ou testamentaire, ou legitime,
ou datiue : La Curatelle c'est vne autre puissance de droit ciuil pour gouuerner & deffendre les biens & choses de l'adolescent, laquelle est ordinaire & extraordinaire :
L'ordinaire est aussi testamentaire, & non testamentaire, celle-cy derechef est legitime, & datiue:
La legitime est deferee par les loix aux plus prochains parens & capables : la datiue se donne par le magistrat & Iuge ordinaire :
L'extraordinaire est donnée pour ceux qui ont quelque vice & infirmité ou de l'esprit, comme aux furieux & incensez & prodigues : ou du corps, comme aux sourds, muets, aueugles, &
valetudinaires, &c. Mais c'est assez dict touchant les personnes:
De toutes les choses qui sont hors nostre patrimoine & commerce, les vnes de droit naturel sont communes à tous hommes, comme l'air, la playe, la mer & ses riuages, &c. Les autres
sont publiques comme les fleuues & ports, &c. A l'vniuersité en general, non pas aux particuliers appartient ce qui est és citez, comme theatres, stades & places de villes pour l'exercice &
esbat des citoyens, &c. A nul n'appartiennent les choses sacrees & religieuses, sainctes:
Mais les autres choses qui sont en nostre patrimoine ou commerce, appartiennent au domaine des particuliers, & sont corporelles, ou incorporelles:
Les choses corporelles sont celles, qui de leur nature se peuuent toucher, comme heritage, habillements, or, argent, &c.
Lesquelles choses s'acquierent naturellement par occupation, accroissement, inuention, & tradition, &c.
Les choses incorporelles sont celles, qui ne se peuuent toucher, comme sont seruitudes, & obligations : qui s'acquierent par le droit de gens, par vne fainte tradition : Les seruitudes des
choses sont reelles, ou personnelles : Les seruitudes reelles ou prediales sont droits des heritages vrbains, ou rustics: Les seruitudes personnelles sont comme vsufruict, vsage & habitation:
Voila les choses, qui se peuuent acquerir par le droit des gens, s'ensuiuent celles, qui s'acquierent par le droit ciuil, à sçauoir par titre singulier ou vniuersel, singulier cóme par vsucapion,
donation : Or il y a deux maniere d'vsucapion, l'vne priuee, l'autre publique: La priuee appartenant aux choses mobilaires est aussi appellee du nom general vsucapion, l'autre qui appartient
aux choses immobilaires, prescription : Les donations sont ou entre vifs, ou pour cause de mort. Voila les manieres d'acquerir les choses singulieres, s'ensuiuent les vniuerselles, qui s'a-
quierent par succession, & arrogation : Il y a succession ciuile appellee heredité, ou pretoire nommee possession de biens:
L'heredité c'est vne succession vniuerselle que le deffunct auoit au temps de sa mort, & est testamentaire qui se donne par testament, ou legitime donnee par l'intestat, ou celuy qui du tout
n'a point fait de testament : Succession pretoire ou possession des biens est inuentee pour amender le droit ancien, laquelle est ordinaire de droit immuable, & extraordinaire, qui est donnee
par la loy : Il y a vne autre maniere d'acquisition par arrogation, par laquelle à l'arrogateur est seulement acquis l'vsufruict des biens de l'arrogé à ce qu'il soit pareil au pere naturel :
Iusques icy a esté discouru de la proprieté & acquisition des choses concernantes le droit ciuil : restent les obligations.
Obligation c'est le droit, par lequel il est imposee necessité à la personne de satisfaire à quelque chose : Dont y a 2. especes: Car elle procede ou de contract, ou de malefice: Il y a 2. sortes
de contract, car il y a vray contract, ou quasi contract, & iceux nommez ou non nommez, &c.
Or il y a 4. manieres de vray contract : Car il est fait ou contracté, ou de faict, ou de paroles, ou d'escriture, ou de consentement : Mais les obligations qui procedent de quasi ou comme
de contract, sont pour les affaires adminiltrees de tutelle, de diuiser la chose commune, ou partager vne succession, &c.
Apres les obligations procedantes de contract, s'ensuiuent celles qui viennent de delict & malefice, lesquelles sont d'vn seul genre : car toutes naissent de la chose, c'est à dire du faict ou
malice de la personne, comme de larrecin, ou rapine, ou dommage, ou iniure, &c.
De quasi delict est obligé le iuge, qui par imprudence a mal iugé : celuy qui à l'endroit ou communement on passe à suspendu, & mis quelque chose, qui peut nuire si elle cheoit : quant
vn larcin ou tromperie est commise par ceux du labeur desquels nous nous aidons, & seruons, &c.
Ayant esté traicté sommairement des personnes, & des choses, s'ensuiuent les actions proposees en Iugement : L'action & procedure iudiciaire c'est le droit ou maniere de poursuiure
en Iugement ce qui est deu : Or il y a premierement 2 sortes d'actions, à sçauoir priuées, & publiques : ou ciuiles & ordinaires, criminelles & extraordinaires :
Aux actions priuées ou ciuiles, faut considerer les choses dequoy on est en different: Car on plaide & debat-on ou de la proprieté & seigneurie, pour laquelle les actions sont produites,
ou de la possession, à quoy ont esté trouuez les interdits instances possessoires, ou touchant le fond mesme:
Mais il y a plusieurs & diuerses diuisions ou differences d'actions priuees, dont la premiere & principale diuision est, que les vnes sont ciuilles, les autres pretoires:
Les ciuiles sont reelles, ou personnelles: Les reelles sont celles, par lesquelles on redemande les choses possedees par autruy, & sont subdiuisees en vniuerselles & particulieres : les actions vniuerselles sont celles, par lesquelles:
la chose est demandee non pas singulierement, mais vniuersellement, comme d'vne succession & heredité:
Les actions particulieres sont celles, par lesquelles nous demandons quelques choses particulierement, & icelles poursuiuons : Sur quoy faut distinguer, que les choses, dont nous debatons, ou ne sont point en nostre patrimoine, comme les choses, sacreez, sainctes, & religieuses : ou elles y sont, & alors les actions sont petitoires, & diuisoires : Les petitoires sont celles, par lesquelles nous demandons les choses corporelles, & pource la reuen-
dication en est donnee, qui compete pour vendiquer nostre chose : ou nous demandons les incorporelles, comme seruitudes, pour lesquelles est donnee l'action confessoire, ou negatoire:
Les actions diuisoires sont celles, par lesquelles nous demandons que les choses soient diuisees & partagees : Les actions personnelles sont celles, qui despendent de la propre iurisdiction du preteur:
Voila les actions qui concernent la proprieté ou le fons & acquisition des choses pecuniaires, s'ensuiuent les interdits qui sont donnez pour la possession, ou matiere possessoire:
L'interdit donc, c'est la forme & conception de paroles, par lesquelles le preteur commande, ou deffend de faire aucune chose, quand entre quelqu'vns est debatu touchant la possession, ou comme de la possession :
Au demeurant il y a 3. diuisions des interdits : la 1. est qu'ils sont ou prohibitoires, par lesquels le preteur deffend de faire quelque chose comme quant on denonce nouuel œuure : ou restitutoires, par lesquels il commande,
de rendre aucune chose, ce qui s'appelle reintegrando : ou exhibitoires par lesquels il commande exhiber & mettre en euidence quelque chose : la 2. est qu'ils sont ou pour acquerir la possession par saisine, ou pour la retenir par
plainte, ou pour la recouurer : la 3 est qu'ils sont ou simples, ausquels l'vn est demandeur, l'autre deffendeur : ou doubles par ce qu'en iceux l'vn & l'autre est demandeur, &c.
Mais c'est assez discouru & parlé des causes & actions priuées, ou ciuiles, restent celles qui sont publiques ou criminelles lesquelles procedent des loix du iugement, ou conuient considerer & remarquer principalement les
crimes & delicts, qui sont en soy capitaux, ou non capitaux: Les crimes capitaux ou griefs delicts sont ceux qui font punir de mort, ou quasi de mort, comme leze Maiesté diuine ou humaine, &c. adultere, paillardise, force, &
violence ou rapt, homicide, empoisonnement, sorcelerie & enchantement, brisement & violement de sepulchres, plagies, faulceté, peculat, sacrilege, sedition, &c.
Les crimes non capitaux sont comme d'ambition, repetondes, concussion, &c Iusques icy a esté declaré briefuement ce qui est contenu en la premiere partie de Iurisprudence, s'ensuit maintenant la 2. partie touchant le iugement
lequel se poursuit en deux manieres ciuillement, & criminellement, ou en tous les deux : comme a esté deduit cy-dessus, sçauoir est que la matiere & cause ciuile est ou personnelle, ou reelle : petitoire, ou possessoire : la personnelle procede de contract, ou acte equipollent à contract : En la petitoire est question de la proprieté & seigneurie de la chose: En la possessoire de la possession :
Or és iugemens ciuils on doit obseruer premierement les personnes, qui establissent le iugement, puis apres les parties & membres de l'ordre & procedure iudiciaire : Les personnes sont les plaideurs, & le iuge auec ses assesseurs
& sergés: les persónes plaidantes sót ou interuenátes & postulátes cóme Aduocat, Procureur, entremetteur & administrateur de negoces cóme tuteur, curateur & tesmoins ou elles sót principales, sçauoir le demádeur & deffendeur.
Outre plus il y a 2. parties en la procedure des iugemens ciuils, à sçauoir l'instance, & l'execution : L'instance est premiere, ou seconde : En la 1. faut considerer ou la moins principalle, qui est preparatiue comme adiournement,
asseurement ou gage pretorien, libelle ou edition de la demande, c'est à dire mandement, ou commission, delais, & iurement de calomnie, ou la principalle comme contestation de la cause, satisdations ou cautions, probations
comme interrogatoire, examen, publication, detestations, bref en matiere ciuile tout appointement donné sur les demandes, exceptions ou deffences, repliques ou empliques: & en matiere criminelle equipolent á contestation,
les interrogatures & decrets dont s'ensuit, finalement la sentence interlocutoire, ou definitiue, sçauoir l'adiudication & condemnation:
La 2. instance c'est l'appel, ou prouocation tendant à reuocation de la sentence du Iuge inferieur, par inuocation du superieur prochain ou moyen de l'iniquité pretendue :
L'autre & derniere partie de la procedure du iugement, c'est l'execution, qui est de la chose iugee, du gage iudiciel, & de la mission en possession:
Au surplus les causes & iugemens publiques ou criminelles sont dits capitaux, lesquels sont ceux qui punissent du dernier supplice & de mort, ou comme de mort : ou ils sont non capitaux qui sont ceux esquels n'y a qu'amende
pecuniaire ou honorable, soit qu'ils infamient le condamné, prison, foüet, coupement de membres, flestrissement de fer chauld, talion, ignominie, interdiction ou deffence de feu & d'eau, deportation & banissement, suspension, &c.
Or en ces causes criminelles & publiques faut des personnes qui accusent, & qui soient accusees : ou interuenantes comme Aduocat, Procureur, tesmoins, & le iuge, &c,
Mais les actes iudiciaires de iugement criminel sont accusation, denonciation, information, inquisitions & enquestes, adiournement, opposition par maniere de deffences, &c. Finalement condemnation, punition, ou abso-
lution, comme au Ciuil. Au reste toutes 3. lieux communs de personnes, de choses, d'actions, se traictant conioinctement plus au long & au large és liures des Pandectes & du Code, selon l'ordre iudiciaire, &c, comme vous le
pourrez apprendre par les escrits Methodiques de Monsieur Bergeron mon bon amy & conseil, qui nous a presté la main à dresser la presente.

GG

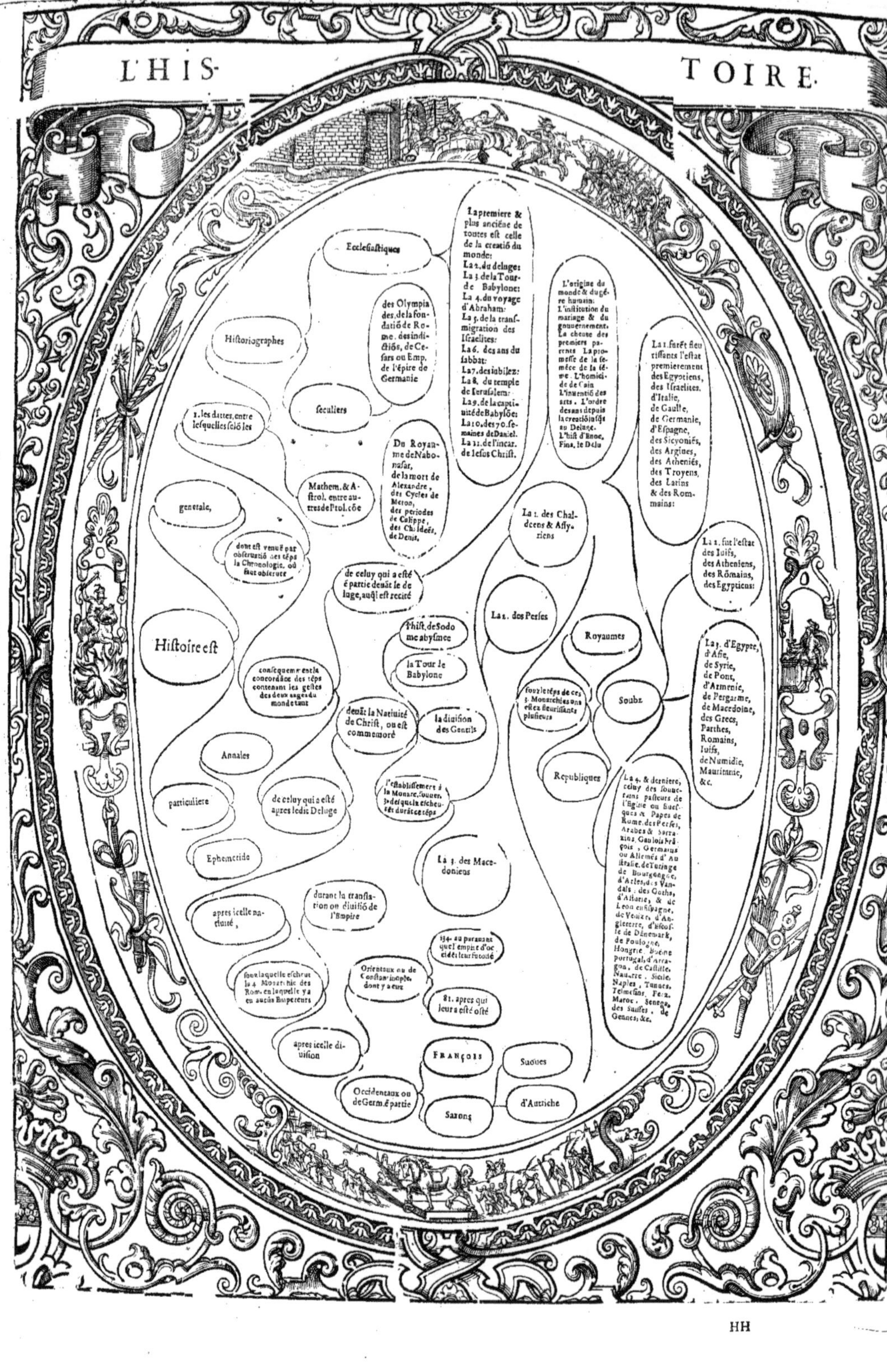
L'HISTOIRE.
Histoire est
generale,
dont est venuë par obseruatiõ des tẽps la Chronologie, où faut obseruer
1. les dattes, entre lesquelles selõ les
Historiographes
Ecclesiastiques
seculiers
des Olympiades, de la fondatiõ de Rome, des indictiõs, de Cesars ou Emp. de l'ẽpire de Germanie
Mathem. & Astrol. entre autres de Ptol. cõe
Du Royaume de Nabonasar, de la mort de Alexandre, des Cycles de Meton, des periodes de Calippe, des Chaldeés, de Denis,
La premiere & plus anciẽne de toutes est celle de la creatiõ du monde:
La 2. du deluge:
La 3. de la Tour de Babylone:
La 4. du voyage d'Abraham:
La 5. de la transmigration des Israelites:
La 6. des ans du sabbat:
La 7. des iubilez:
La 8. du temple de Ierusalem:
La 9. de la captiuité de Babylõe:
La 10. des 70. semaines de Daniel.
La 11. de l'incar. de Iesus Christ.
consequemment la concordãce des tẽps contenant les gestes des deux aages du monde tant
de celuy qui a esté ẽ partie deuãt le deluge, auq̃l est recité
L'origine du monde & du genre humain:
L'institution du mariage & du gouuernement.
La cheute des premiers parents. La promesse de la semẽce de la femme. L'homicide de Cain
L'inuentiõ des arts. L'ordre des ans depuis la creatiõ iusq̃s au Deluge.
L'hist d'Enoc, Fina, le Delu
l'hist. de Sodome abysmee
la Tour de Babylone
la diuision des Gentils
de celuy qui a esté apres ledit Deluge
deuãt la Natiuité de Christ, ou est commemoré
l'establissement des Monarc. souuer. desquelz escheurẽt durãt ce tẽps
La 1. des Chaldeens & Assyriens
La 2. des Perses
La 3. des Macedoniens
sous le tẽps de ces 3. Monarchies ont esté fleurissants plusieurs
Royaumes
Republiques
Soubz
La 1. furẽt fleurissants l'estat premierement des Egyptiens, des Israelites, d'Italie, de Gaulle, de Germanie, d'Espagne, des Sicyoniẽs, des Argiues, des Atheniẽs, des Troyens, des Latins & des Rommains:
La 2. fut l'estat des Iuifs, des Atheniens, des Rõmains, des Egyptiens:
La 3. d'Egypte, d'Asie, de Syrie, de Pont, d'Armenie, de Pergame, de Macedoine, des Grecs, Parthes, Romains, Iuifs, de Numidie, Mauritanie, &c.
La 4. & derniere, celuy des souuerains pasteurs de l'Eglise ou Euesques & Papes de Rome, des Perses, Arabes & Sarrazins, Gaulois Frãçois, Germains ou Allemés d'Australie, de Turinge de Bourgongne, d'Arles, des Vandals, des Goths, d'Asturie, & de Leon en Espagne, de Veniz, d'Angleterre, d'Escosse de Dãnemark, de Poulogne, Hongrie, Boeme portugal, d'Arragon, de Castille, Nauarre, Sicile, Naples, Tunnes, Telmesins, Fez, Maroc, Senega, des Suisses, de Gennes, &c.
Annales
particuliere
Ephemeride
apres icelle natiuité,
durant la translation ou diuisiõ de l'Empire
soubz laquelle escheut la 4. Monarchie des Rom. en laquelle y a eu aucũs Empereurs
Orientaux ou de Constantinople, dont y a eu
134. au parauant que l'empire d'occidẽt leur fut osté
81. apres qui leur a esté osté
apres icelle diuision
Occidentaux ou de Germ. ẽ partie
FRANÇOIS
Saxons
Suoues
d'Autriche

PARTITIONS DE L'HISTOIRE.

HIstoire c'est la vraye narration, & memoire des choses plus remarquables, qui ont esté par cy deuant faictes, & aduenues en ce grand Theatre du monde: Dont il a bien semblé à ce grand & diuin Philosophe Platon, que l'histoire se nommoit ainsi, à cause qu'elle arreste & retient le cours & flus, c'est à dire, pour ce que l'infirmité, & imbecillité de nostre memoire, qui est labile & coulante, estoit confirmée & asseurée par l'histoire: Comme si la cognoissance de l'antiquité, & des histoires enseignoit vne science certaine, & veritable: Suiuant cela Ciceron au 2. liure de l'Orateur a dict aussi bien vray, que l'histoire est le tesmoignage des temps, lumiere de la verité, vie de la memoire, maistresse de la vie, & messagere de l'antiquité:

Or il y a plusieurs qui ont mis en auant, & faict diuerses diuisions d'histoires: Car ce mot s'estend bien amplement, & se prend en beaucoup de manieres: La diuision toutesfois d'histoire, qui est receuë, & fort vsitee, contenant l'enumeration des faicts & actes plus signalez des plus grands & illustres personnages, est en general & particulier:

L'histoire donc vniuerselle & generale c'est celle, qui recite & faict mention generalement de l'estat de toutes choses: laquelle derechef est ou sacree & ecclesiastique, contenant & deduisant l'estat, & succés des affaires de l'Eglise Chrestienne: Ou prophane & seculiere, discourant & declarant les commencemens, progrez, changemens, decadence, & la fin des principalles Monarchies, ou souuerains Empires, Royaumes, principautez, Seigneuries, Republiques, & nations de la terre, comme sont les chroniques vniuerselles:

Mais l'histoire particuliere c'est celle qui raconte, & rememore particulierement les faicts & gestes de chaque peuple, & nation, ensemble l'estat de leurs affaires, comme sont les chroniques de chacun Royaume, & pays:

Aule Gelle fait differences d'histoire, à sçauoir Annales, & Ephemerides, & dit qu'Annales ce sont quant on met en escrit par ordre les choses, qui aduiennent en plusieurs annees, selon la datte du temps de chaque annee: Mais quant les choses qui sont faictes & aduenues ne se mettent & redigent en escrit par les annees, ains par chaque iournee, telle histoire s'appelle Ephemeride en Grec, *Diarium* en Latin, l'histoire n'estoit autre chose entre les Romains (dit Ciceron au 2. liure de l'Orateur) sinon qu'vne description & composition d'Annales: Pour lesquelles choses retenir en la memoire le grand Pontif mettoit & redigeoit par escrit l'estat de toutes les affaires de chaques annees, depuis le commencement des Romains, iusques au grand Pontif P. Mutius, & proposoit, & monstroit deuant tous en la maison les memoires escrites des choses passees, à fin qu'il fust permis au peuple d'auoir cognoissance de ces histoires, qui sont aussi maintenant appellees annales: Plusieurs y en a, qui ont suiuy ceste façon d'escrire, lesquels ont composez & escrit des liures & memoires sans aucuns ornemens d'eloquence, touchant ce qui s'est faict & passé selon les temps, les personnes, & les lieux:

Or il y a beaucoup de dispute sur l'opinion qu'on a du temps: Car quelque Philosophe a sceu bien mettre en auant brieuement, que veritablement, le temps auoir commencé quant le ciel fut creé, & qu'il finiroit aussi alors que le ciel faudroit: Parquoy le ciel n'estre autre chose que l'horloge de l'vniuers, de laquelle le tour & circuit se marque, & empreint par le flus & cours du temps: Par l'obseruation duquel est venue la Chronographie, en laquelle faut premierement considerer les dattes, & puis apres la concordance du temps:

Datte donc est vn certain, & illustre commencement de temps, duquel les autres subsequents sont nombrez, ou pour seruir aux siecles suiuans, ou precedens, ou pour tous les deux: Car c'est le commencement de chacun empire, & de chaque regne, & quasi comme vn arrest de temps, auquel les histoires sont contenues, & comprises comme en vne marque certaine & arrestee, à fin qu'elles ne soyent incertaines, & qu'elles n'extrauaguent temerairement sans fin, & commencement: Mais il se trouue en la Chronologie deux manieres de dattes, à sçauoir des Historiographes, & des Mathematiciens: Celles des Historiographes derechef sont ecclesiastiques, ou seculieres:

Les dattes de temps des Historiens ecclesiastiques sont celles-là, qui sont comprises, & remarquees aux lettres sainctes, & histoires sacrees de l'Eglise: Entre lesquelles la premiere, plus ancienne & generale de toutes, c'est celle depuis la creation de l'vniuers, & pourtant elle se met au premier lieu & rang de la Chronologie: Parquoy la somme des annees depuis la creation du monde iusques à la natiuité de nostre Sauueur Iesus Christ vray Dieu & homme, est 3962. Mais depuis la natiuité de Iesus-Christ iusques à maintenant 1585. on compte 5575. depuis le commencement du monde: La 2. est depuis le Deluge qui fut en l'an 1656. depuis la creation du monde: La 3. est depuis la tour de Babylone ou confusion des langues, qui tombe en l'an 131. apres le Deluge, auquel temps aduint aussi le commencement du regne de Nimbrod ou d'Assyrie l'an du monde 1786. La 4. depuis la peregrination d'Abraham, la 5. depuis la sortie du peuple d'Israël hors d'Ægypte, qui tombe en l'an du monde 2451. & demy: La 6. depuis les ans du sabbat, ou de la remission, qui aduint en l'an du monde 2499. ou en l'an de Iosué 7. la 7. des iubilez, desquels le commencement despend du commencement des ans du Sabbat: la 8. du Temple de Salomon, lequel commencea d'estre edifié l'an du monde 2932. & de la sortie d'Ægypte l'an 48. la 9. depuis la captiuité de Babylone qui dura 70. ans, suiuant ce qu'auoit predit le sainct Prophete Ieremie, or cela aduint l'an du monde 3357. la 10. des 70 sepmaines de Daniel, desquelles le commencement est mis en l'an 7. d'Artaxerxes longue main, mais du monde 3506. l'vnziesme est depuis l'incarnation de nostre Seigneur Iesus Christ, qu'on met en l'an du monde 3963. Les Chrestiens ont commencé a supputer les annees, c'est à sçauoir en l'an de Iesus-Christ 600. depuis l'enfantement de la Vierge marie: Voila les dattes des annees contenues aux Historiographes ecclesiastiques:

Les dattes seculiers sont celles qui se trouuent aux histoires prophanes ou seculieres, lesquelles sont en vsage aux negoces & affaires publiques, telles sont les dattes des Olympiades, desquelles le commencement est mis en l'an du monde 3189. Celles depuis la fondation de Rome en l'an du monde 3213. depuis la destruction de Troye la grande 430. Celles des indictions dont le commencement fut l'an de Christ 315. deuant le 8. iour des Calendes d'Octobre, estans alors consuls Constantin 2. & Licinius 2. Augures: celles des Cæsars ou Empereurs cõmencerẽt auec Iule Cæsar en son 2. consulat, qu'il teint auec P. Seruilius Isauric. l'an du monde 3918. celles de l'Empire de Germanie ou d'Allemagne, qui commencerent aussi quant & Charlemagne l'an de Christ, 801. Mais c'est assez traicté des dattes des annees contenues aux histoires, restent celles des Mathematiciens, & nommément celles là qu'on trouue dans Ptolomee, comme sont les dattes du regne de Nabonassar, de la mort d'Alexandre, des Cycles de Meton, des Periodes de Callipus, des Chaldeens, de Denys: Voyla les dattes presques du temps passé, au moins qui sont contenues dans les historiens, & Mathematiciens:

S'ensuit maintenant la concordance du temps, comprenant l'ordre continuel & suite des histoires vniuerselles, auquel est contenu, & deduit le discours des choses plus insignes, faictes & aduenues en toutes les parties du monde depuis la creation vniuerselle iusques à maintenant durant l'espace des deux aages, ausquels est distribué ce petit sommaire & abregé d'histoire, à sçauoir premierement celuy qui a esté depuis la creation du monde iusques au Deluge, & durant iceluy, l'autre en apres, qui a esté successiuement depuis ledit Deluge iusques à maintenãt:

En ce dict premier aage doré Moyse ce grand Prophete admirable, & diuin legislateur, tres-excellent & premier historiographe descrit par ordre, & fait mention des choses grandes & esmerueillabes, qui aduindrent par l'espace de 1656. ans deuant le Deluge vniuersel & totale destruction du genre humain, comme sont la creation de l'vniuers, & de tout ce qui est enclos, & contenu en iceluy, l'origine de l'homme & commencement de l'Eglise, l'institution du mariage, & du gouuernement, la cheute de l'homme source de tous maux, sa reparation, & la promesse touchant la semence de la femme, qui est Iesus-Christ le vray Messias, le meurtre de Cain commis enuers son frere Abel, l'inuention des arts, l'ordre & suite continuelle des annees, iusques au Deluge, l'histoire d'Enoch, qui fut vif transporté au ciel, finalement le Deluge, auquel Noé auec les siens fut preserué:

Mais ce qui est aduenu apres ledit deluge durant ce deuxiesme aage, a esté en partie deuant la natiuité de Iesus-Christ, en partie apres: Deuant le temps de l'incarnation de Christ, mention est faicte de l'histoire de Sodome & Gomorrhe destruictes & abysmees par le feu celeste, de la tour de Babylone, de la diuision & partage des nations des Gentils, & de l'establissement & commencement de la Monarchie ou souuerain Empire:

Or en cest article de temps deuant la natiuité de nostre Seigneur Iesus-Christ ont esté fleurissantes 3 grandes Monarchies, à sçauoir la premiere, qui fut celle des Chaldeens, & Assyriens, lesquels eurent 38 Roys anciens: Mais les Assyriens derniers n'en eurent que 13. la 1. Monarchie fut celle des Perses, desquels on nombre 10. Roys depuis Cyrus iusques à Darius: la 3. Monarchie fut celle des Macedoniens, qui ont eus 21. Roys depuis Caranus, iusques au grand Alexandre:

Souos le temps de ces trois Monarchies ont esté fleurissants aussi plusieurs moindres Royaumes, principautez, & souuerainetez, Potentats, seigneuries, & Republiques: Durant la 1. Monarchie les estats furent florissants, premierement celuy des Ægyptiens, qui eurent 16. Roys: celuy des Israëlites, qui eurent du commencement 14. Patriarches, apres 14. Iuges ou conducteurs, consequemment 23. Roys: Aussi celuy d'Italie, de la Gaulle, de la Germanie, d'Espagne où regnerent alors 25. Roys: celuy des Sicyoniens au Peloponnesse ou à la Moree, lesquels en eurent 26. Puis apres 14. sacrificateurs: Celuy des Argiues 14. le Royaume desquels fut apres transporté aux Mycenes l'an du monde 2653. ou en regnerent 10. celuy des Atheniens 17. apres 13. Archontes perpetuels, & 7. Decennals, en fin la Democratie, & les Archontes annuels: Puis celuy des Troyens 6. Roys: celuy des Latins 15. & des Romains 7. depuis Romulus, iusques à Tarquin, & depuis l'an de la creation 1789. iusques à l'an du monde 3406:

Semblablement soubs la 2. Monarchie fut fleurissant l'estat des Iuifs, entre lesquels furent 5. Ducs apres l'exil de Babylone: celuy des Atheniens Romains, Ægyptiens aussi iusques à l'an du monde 3629.

Soubs la 3. Monarchie furent les estats d'Ægypte, ou alors 12. Ptolomees ont regné: Aussi d'Asie, Syrie, de Pont, d'Armenie, Pergame, Macedoine, des Grecs, Parthes, Romains, Iuifs, de Numidie, Mauritanie, iusques à l'an du monde 3918.

La 4. Monarchie est celle des Romains, qui escheut l'an du monde 3963. enuiron la natiuité de Christ: En laquelle deuant la diuision ou translation faicte de l'Empire de Constantinople, ont esté 43. Cæsars ou Empereurs depuis Iule Cæsar iusques à Constantin le grand, & en l'an de Christ 310. les autres Empereurs apres la translation de l'Empire furent diuisez en Orientaux ou Constantinopolitains, & Occidentaux ou de Germanie: Les Empereurs de Constantinople gouuernerent l'empire d'Orient, l'an de Christ 335. depuis Constantin le grand iusques à Constantin Paleologue, soubs lequel la ville de Constantinople fut prinse par Mahomet 2. l'an de Christ 1453. Dont y en a eu 134 qui ont gouuerné ledit Empire auparauant que celuy d'Occident leur fut osté, & autres 81. qui le gouuernerent apres qu'il leur fut osté:

Les Empereurs d'Occident l'an du Sauueur 801. depuis Charlemagne, iusques à Mathias à present regnant ont esté en partie François, à sçauoir depuis ledict Charlemagne iusques à Henry le Faulconnier ou oyseleur 910. En partie Saxons sçauoir depuis ledit Henry l'oyseleur iusques à Conrad Saligne en 1025. & depuis ont esté Saxons & Suaubes iusques à Rodolphe ou Radulphe premier qui en l'annee 1277 entra dans l'Autriche & Lannexa à l'Empire & en ont retenu le nom & la possession iusques à present.

Soubs ceste 4. & derniere Monarchie sont les estats premierement des souuerains pasteurs de l'Eglise ou Euesques & Papes de Rome, le nombre & catalogue desquels depuis l'Apostre S. Pierre delaissé par nostre Seigneur Iesus-Christ pour pasteur de l'Eglise Chrestienne iusques à Paul cinquiesme à present tenant le S siege est de 236.

Plus ont encores esté durant le temps de ceste 4. Monarchie les estats des Perses, qui ont eu 28. Rois: Des Arabes & Sarrazins 24 des Gaullois François 62. depuis Pharamond iusques à Louys troisiesme à present regnant dont y a trois races ou lignees, à sçauoir la 1. des Merouingiens qui furent 21. la 2. des Pepiniens ou Carloningiens ou Carliens 13. & la 3. des Capeningiens ou Capets 28. Au surplus il y a eu aussi ceux des Germains ou d'Allemaigne, d'Austrasie, de Turinge, Bourgongne, Arles, des Vandals, entre lesquels 8. Roys regnerent en Aphrique des Gots en Espagne, où y a regné 36. Roys: d'Asturie, & de Leon en Espagne ou en regnerent 47. de la race des Gots: En Italie 8. de la mesme race des Gots, & 22 des Lombards, 15. Exarques, le siege desquels fust à Rauennes: De Venise, d'Angleterre, où y a regné 41. Roys: d'Escosse 39. De Dannemarque 40. de Poulongne 31. de Hongrie 34. de Boësme, de Portugal, d'Arragon, de Castille, de Sicile, de Naples, de Tunes, Telmesins, Feez, Maroc, Senega, des Suysses, de Gennes: des Turques, desquels y a eu iusques icy 11. Empereurs: d'Ægypte, dont le Royaume a esté des premiers, qui a eu ses propres Roys nommez Pharaons iusques à Cambyses, lesquels ont succedé par ordre ainsi que s'ensuiuent, Pharaons, Perses, Alexandre, Ptolomee, Romains, Grecs, puis les Sultans, Sarrazins, Sultans Parthes, & Perses: Des Roys de Ierusalem: du nouueau Monde: d'Ethiopie: des Moscouites: des Tartares, &c.

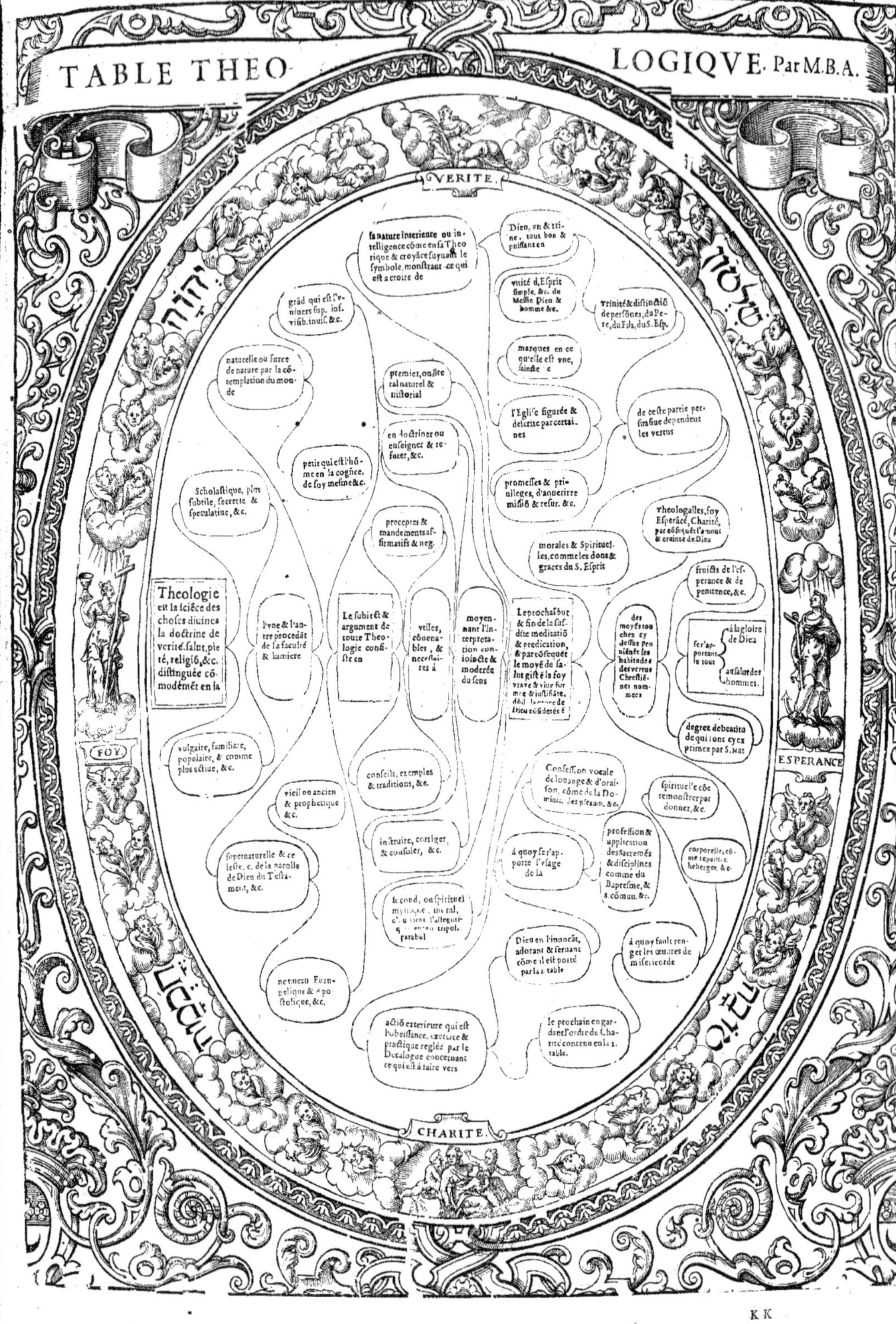
TABLE THEOLOGIQVE. Par M.B.A.
VERITE.
FOY
ESPERANCE
CHARITE.
Theologie est la sciēce des choses diuines la doctrine de verité, salut, pieté, religiō, &c. distinguée cōmodémét en la
Scholastique, plus subtile, secrette & speculatiue, &c.
vulgaire, familiere, populaire, & comme plus actiue, &c.
l'vne & l'autre procedāt de la faculté & lumiere
naturelle ou force de nature par la cōtemplation du monde
grād qui est l'vniuers sup. inf. visib. inuis. &c.
petit qui est l'hōme en la cogñce. de soy mesme &c.
supernaturelle & celeste, c. de la parolle de Dieu du Testament, &c.
vieil ou ancien & prophetique &c.
nouueau Euangelique & apostolique, &c.
Le subiect & argument de toute Theologie consiste en
sa nature interieure ou intelligence cōme en sa Theorique & croyāce suyuant le symbole, monstrant ce qui est a croire de
Dieu, vn & trine, tout bon & puissant en
vnité d'Esprit simple, &c. du Messie Dieu & homme &c.
Trinité & distinctiō de persōnes, du Pere, du Fils, du S. Esp.
marques en ce qu'elle est vne, saincte
l'Eglise figurée & descrite par certaines
promesses & priuileges, d'aquerirre missiō & resur. &c.
de ceste partie persuasiue dependent les vertus
Theologalles, foy Esperāce, Charité, par cōsequēt l'amour & crainte de Dieu
morales & Spirituelles, comme les dons & graces du S. Esprit
preceptes & mandements affirmatifs & neg.
conseils, exemples & traditions, &c.
vtiles, cōuenables, & necessaires à
en doctriner ou enseigner & refuter, &c.
instruire, corriger, & consoler, &c.
moyennant l'interpretation conioincte & moderée du sens
premier, ou litteral naturel & historial
second, ou spirituel
action exterieure qui est l'obeissance, exercice & practique reglés par le Decalogue concernant ce qui est à faire vers
Dieu en l'innocēt, adorant & seruant cōme il est porté par la 1. table
le prochain en gardant l'ordre de Charité contenu en la 2. table.
Le prochaī but & fin de la susdite meditatiō & predication, & par cōsequēt le moyē de salut gist ē la foy vraye & viue forme & iustifiāte,
des moyēs touchez cy dessus proviénēt les habitudes des vertus Chrestiénes nommees
fruicts de l'esperance & de penitence, &c.
se r'apportant le tout à la gloire de Dieu au salut des hommes.
degrez de beatitude qui sont exprimez par S. Mat
Confession vocale de louange & d'oraison, cōme de la Dominic. les pseaum. &c.
à quoy se r'apporte l'vsage de la
profession & application des Sacremēs & disciplines comme du Baptesme, & S. cōmun. &c.
spirituelle cōe remonstrer par donner, &c.
corporelle, cōme repaistre, heberger, &c.
à quoy fault renger les œuures de misericorde

METHODE ET DESSEIN DE THEOLOGIE EN FORME DE CATECHISME CHRESTIEN,

(Extraict des memoires Latin-François de Monsieur Bergeron Aduocat en Parlement.

THEOLOGIE est la ſcience de Dieu, & des choſes diuines, la vraye Metaphyſique & premiere Philoſophie, ou ſouueraine ſapience, la doctrine de pieté, religion & ſalut, de la beatitude eternelle, Bref la declaration de la volonté de Dieu.

Ceſte Theologie ſe peut commodément diſtribuer en la Scolaſtique, qui eſt la plus ſubtile & contemplatiue, & que l'on peut nommer acroamatique ou referrée & interne, oculte, & ſecrette, propre aux eſcolles & diſputes: & en la vulgaire, commune, familiere, populaire, conuenable aux ſermons, remonſtrances & exhortations, deuis & propos ordinaires, eſtant plus actiue qu'autrement, & qui ſe peut dire exoterique, manifeſte & externe, &c.

L'vne & l'autre prent ſa ſource & origine de la lumiere naturelle ou ſurnaturelle: La naturelle Theologie, eſt celle qui procede de l'inſtinct, mouuement & conduite de nature, qui n'eſt que preparatoire & diſpoſitiue, s'acquerant par la contemplation du monde ou vniuers, grand, (ſuperieur & celeſte, inferieur & terreſtre, viſible ou inuiſible) Petit, qui eſt l'homme, en la cognoiſſance de ſoy-meſme, ſelon ſon eſtat, nature & qualité de deuant & apres ſa cheute; ſi que nous pouuons naturellement par telle conſideration, comme par vne eſchelle, aucunement monter au ciel & paruenir des creatures au Createur, &c. Rom. 1. Pſal. 8. & 19. &c.

La Theologie ſurnaturelle ou celeſtielle & abſolue, prouient de la reuelatiō d'enhaut, par la parole de Dieu, redigée ſommairement par eſcrit, en la Bible ou ſaincte eſcriture, compriſe au vieil & nouueau Teſtament ou alliance. Le vieil & ancien, dit prophetique, contenant les eſcrits de Moyſe & d'autres Prophetes: Le nouueau ou Euangelique, appellé l'Euangile ou bonne nouuelle apportée & preſchée par noſtre Seigneur Ieſus Chriſt, ſes diſciples & Apoſtres, &c.

Toute ceſte ſageſſe, partie infuſe, partie acquiſe, pour le regard de ſon ſubiet, cōſiſte en preceptes ou mandemēs expres, affirmatifs ou negatifs, ceux-là obligatoires à touſiours, ceux-cy pour touſiours; & en traditions, conſeils & exēples, qui eſt la parole de Dieu traiſible ou interpretatiue: toute telle eſcriture ou parole, eſtāt cōmode & vtile pour enſeigner & refuter, pour inſtruire & reprēdre, l'vn appartenāt à la doctrine, l'autre à la vie & mœurs, 2. Tim. 3. Ro. 14. &c. Et ce moyennāt l'interpretatiō cōiointe & moderée du ſens premier, qui eſt le literal, naturel, ou hiſtorial: auec le ſecond ſçauoir eſt, le ſpirituel ou myſtique, moral ou allegorique, cōprenant ceux que l'on nōme Tropologique, anagogique & parabolique.

Le prochain but & fin de toute Theologie, ou de la meditation des œuures de Dieu & predication de ſa parole, & par conſequent le moyen de la felicité & vie heureuſe, giſt en la Foy, vraye & viue, formée parfaicte & iuſtifiante: qui eſt vn don gratuit de Dieu, nous donnant aſſeurāce & confiance entiere de ſes promeſſes par l'interceſſion & faueur de ſon fils Ieſus Chriſt & dōt nous ſōmes appellez fideles Chreſtiēs, Io. 1. & 6. &c.

Ceſte foy eſt conſiderable en ſa nature & en ſon action. Par la nature nous entendons ſon eſſence interieure, comme la theorique & ſimple cognoiſſance, le ſentiment & conuerſion, ou en vn mot, la croyance; qui eſt ou implicite, c. enueloppee & generale, nous donnant generallement à cognoiſtre (comme en S. Iean 19.) qu'il y a vn ſeul Dieu (inuiſible, veritable, tout bon, ſage, puiſſant, eſprit pur & ſimple, infiny, eternel, immortel, *incomprehenſible*, &c.) Et vn Meſſie, qui eſt Ieſus Chriſt, enuoyé de Dieu, & ſubſiſtant de nature diuine & humaine, voire, s'eſtant rendu Dieu viſible, par telle vnion, hypoſtatique: Explicite, c. deſueloppee, plus particuliere & diſtincte, en ce qui eſt de l'intelligence, reglee par l'analogie & conformité des Symboles tant des Apoſtres, que des ſaincts peres & conciles. Pour ce qui eſt à croire & tenir de Dieu & de l'Egliſe: En croyant que Dieu eſt vn (en vnité d'eſſence & nature) Trinun ou diſtinct en trinité de proprietez des trois perſonnes, du Pere (comme createur & auteur de toutes choſes & dominateur du ciel & de la terre: du Fils (comme l'image, ſplendeur de gloire, figure de la ſubſtance du Pere, Verbe faict chair, ou Dieu homme, afin de nous eſtre moyenneur, aduocat, redempteur, ſauueur, Roy, Preſtre, pontife & legiſlateur, voire le ſouuerain ſacrificateur & ſacrifice meſme: ſuiuant ce qui en eſt touché par la brieue hiſtoire de ſa vie & de ſa mort, & faiſant partie deſdits ſymboles: du S. Eſprit, vray inſpirateur, conſolateur, viuificateur, conſeruateur, gouuerneur du monde à tout bien.

Quant à l'Egliſe (qui eſt la compagnie & ſocieté des fidelles) elle eſt deſcrite & figuree par ſes marques, ſe monſtrant, vne ſaincte, catholique, ou vniuerſelle, apoſtolique, communion des Saincts: & nommee pource, la ſaincte cité & communauté, la Ieruſalem celeſte, le corps myſtique de Ieſus-Chriſt, colomne, fondement & apuy de verité, maiſon de Dieu & royaume du ciel, &c. Elle eſt dauantage, remarquee par ſes priuileges, ou promeſſes faictes aux croyans, qui ſont en ſomme qu'ils obtiennent remiſſion des pechez, reſurrection de la chair, la vie eternelle, auquel endroict peut eſtre traicté du iugement, &c.

A ceſte nature de foy ſe rapportent comme parties eſſentielles & compoſitiues d'icelle tant les vertus theologales (Foy ſimple, hiſtorique & de miracles, Eſperance ou attente des biens eternels, Charité ou bonne & ſincere affection, zele & deuotion:) que les dons de l'eſprit & graces gratuites, aucunes deſquelles ſont nombrées. 1. Cor. 12. d'où l'amour & la crainte de Dieu filiale prennent leur racine, &c.

L'actiō (ou l'effect, la vertu, l'obeiſſance & Iuſtice) de la foy, ſe declare & manifeſte par bonnes œuures exterieures, ſignifiees par le mot general de penitēce, ſainctété ou ſaincte cōuerſation, comme eſtant l'exercice & practique de pieté, regardant la reformation de l'hōme exterieur, comprenant la dilection de Dieu & du prochain ſelon le decalogue ou les dix parolles & commandemens reduits en deux tables: La premiere deſquelles traicte en bref, du cult & ſeruice diuin, concernant l'inuocation, recognoiſſance & adoration, en eſprit & verité: la ſeconde enſeigne le deuoir & office d'vn chacun vers ſon ſemblable, par ordre & degrez de charité, exprimez en ladicte 2. table aſſez cogneus, &c.

Le cult & ſeruice porté par la 1. table ſe deſcouure & practique encores mieux par l'vſage & miniſtere de la cōfeſſion de bouche ou loüage vocale, & de la profeſſiō actuelle & ceremoniale: Ceſte confeſſion ſe demonſtre & reluit ſingulierement au formulaire & patron de l'oraiſon dominicale de noſtre Seigneur, contenant ſix demandes, &c. Et au chant de pſeaumes, Hymnes, Cantiques & d'autres prieres Eccleſiaſtiques, ſuiuies & accompagnees d'vne maceration de la chair, comme par ieuſnes, meſpris du monde, & renonciation à ſoy-meſmes; ladicte profeſſion, emporte vne proteſtation publique & comme vne foy & hommage, par application & vſance de ſainctes & ſacrees ceremonies, Principalement par les myſteres que l'Egliſe appelle par excellence, ſacrements & diſcipline. A ſçauoir, du Bapteſme, ou lauement de regeneration ſpirituelle: de la table de noſtre Seigneur ou de l'Euchariſtie & communion du corps & ſang d'iceluy: de la Confirmation & catechiſme: de l'Ordre & tradition des clefs Eccleſiaſtiques, par la vocation & vacation des gens d'Egliſe: du Mariage ſolemnité & celebration nuptialle: de la confeſſion & abſolution penitentialle: de l'Extreme Onction, conſolation & viſitation des malades, &c.

Du deuoir & office tiré de la 2. table qui concerne le prochain, (c. toute perſonne, meſmes ennemie) dependent les œuures que nous diſons, de charité & miſericorde ſoyēt ſpirituelles, cōme de cōſoler, ſupporter, cōſeiller, prier, pardōner, &c. ou corporelles, cōme de nourrir, veſtir, loger les pauures, enſeuelir les morts, &c.

Par les moyēs que deſſus, s'engēdrēt en les habitudes & qualitez des vertus vrayemēt chreſtiēnes, entēdues & ſpecifiees par les fruicts de l'eſprit, de penitēce, ou de Iuſtice & innocence, comme chaſteté, ſobrieté, iuſtice, humilité, &c. Galat. 5. & par les 9. degrez de beatitude, exprimez par S. Matthieu, 5. Rom. 12. 1. Theſ. 5. &c.

Dequoy s'enſuit que toute la Theologie tend à l'honneur & gloire de Dieu, pour le ſalut des hommes: l'heur deſquels ſe commence icy par grace, & ſe termine en paradis par la fruition & iouïſſance de la preſence & face diuine, &c.

Le ſurplus ſe pourra eſclarcir de paſſages, & eſtendre plus au long & au large, à l'ayde du diſcours & deſcription methodique de l'Autheur quand il aura loiſir de nous communiquer d'auantage que ce petit project.

L L

www.ingramcontent.com/pod-product-compliance
Ingram Content Group UK Ltd.
Pitfield, Milton Keynes, MK11 3LW, UK
UKHW020950180726
13838UKWH00003B/1235